旅游大数据与人工智能

BIG DATA AND AI IN TOURISM

彭晖　黄佳佩　李洪鑫 ——— 著

旅游教育出版社
·北京·

图书在版编目（CIP）数据

旅游大数据与人工智能 / 彭晖，黄佳佩，李洪鑫著. -- 北京：旅游教育出版社，2024.5
ISBN 978-7-5637-4722-1

Ⅰ. ①旅… Ⅱ. ①彭… ②黄… ③李… Ⅲ. ①旅游业－数据处理－高等学校－教材 Ⅳ. ①F59-39

中国国家版本馆CIP数据核字(2024)第101905号

旅游大数据与人工智能
LUYOU DASHUJU YU RENGONG ZHINENG

彭晖　黄佳佩　李洪鑫　著

策　　划	刘彦会
责任编辑	何　玲
出版单位	旅游教育出版社
地　　址	北京市朝阳区定福庄南里1号
邮　　编	100024
发行电话	（010）65778403　65728372　65767462（传真）
本社网址	www.tepcb.com
E - mail	tepfx@163.com
排版单位	北京旅教文化传播有限公司
印刷单位	北京市泰锐印刷有限责任公司
经销单位	新华书店
开　　本	710毫米×1000毫米　1/16
印　　张	9.75
字　　数	110千字
版　　次	2024年5月第1版
印　　次	2024年5月第1次印刷
定　　价	39.00元

（图书如有装订差错请与发行部联系）

前　言

随着大数据与人工智能在旅游中的广泛应用，旅游管理专业的学生和科研人员急需了解旅游大数据及人工智能的系统知识和应用状况，将旅游大数据和人工智能的基本内容、应用案例、研究前沿做一个融合介绍，成为撰写本书的初衷。

旅游大数据与人工智能是旅游管理专业一门比较新的课程，前沿研究内容涉及大数据和人工智能技术、旅游市场营销、旅游目的地管理等多方面内容，具体内容分为三部分：理论、应用和前沿研究。第一部分为理论，包括第一章，介绍旅游大数据与人工智能的基本概念、基本理论和方法。第二部分为应用，包括第二章，通过五个典型案例介绍旅游大数据与人工智能在旅游行业的具体应用。第三部分为前沿研究，包括第三章至第八章，通过对旅游微博意见领袖推荐信息的数据分析，研究影响旅游者目的地决策的因素，研究利用旅游微博意见领袖的意见进行旅游目的地营销的策略。

本书内容选取方面综合考虑了基本知识、基本方法、应用案例和学术研究的不同需求，内容较为广泛，实用性强。在第一部分理论和第三部分前沿研究中用到统计和文本数据分析方法，在本课程之前开设的课程"统计学原理""Python 数据分析"中已经学习过。统计学、Python 程序设计和数据分析的教材和参考书已十分广泛，故本书不再赘述。考虑到本书也用于留学生教学，配合课程的文化宣传，书中均选择中国的旅游应用案例加以介绍。

本书可作为大学、大中专院校、职业院校旅游管理专业课程教材，也可以作为对旅游大数据与人工智能、旅游市场营销感兴趣的从业人员的阅读材料。

旅游管理专业研究生唐应宗编写了第二部分的部分案例，在此表示感谢。

由于作者水平有限，书中若有不足之处，望批评与指正。

本书稿为北京第二外国语学院旅游发展研究基地项目"基于行业大数据的目的地形象感知研究"（LYFZ18B003）的研究成果。

目 录

第一部分 理 论

第一章 旅游大数据与人工智能概述 ……………………………… 3
  第一节 旅游大数据简介 ………………………………………… 3
  第二节 人工智能简介 …………………………………………… 9

第二部分 应 用

第二章 旅游大数据与人工智能应用案例 ……………………… 19
  第一节 案例一：智能酒店——FlyZoo 酒店 ………………… 19
  第二节 案例二：智能景区导游——智能旅途随身听 ……… 24
  第三节 案例三：虚拟现实（VR）旅游——高德地图 VR 旅游 ……… 28
  第四节 案例四：智能翻译导览设备——逸豆 ………………… 33
  第五节 案例五：数字化旅游市场监管——三亚海鲜市场海鲜价格监管 ……………………………………………………… 37

第三部分 前沿研究

第三章 微博意见领袖推荐信息对旅游者目的地决策的影响概述 …… 43
第一节 研究背景 …… 44
第二节 研究内容及方法 …… 46
第三节 研究意义 …… 48
第四节 研究框架 …… 50
第五节 研究创新 …… 51

第四章 微博意见领袖推荐信息对旅游者目的地决策影响的理论基础 …… 53
第一节 相关理论基础 …… 53
第二节 微博意见领袖相关研究 …… 56
第三节 旅游者目的地决策相关研究 …… 61
第四节 感知有用性的相关研究 …… 63
第五节 研究评述 …… 64

第五章 微博意见领袖推荐信息的特征分析 …… 66
第一节 样本数据的采集 …… 66
第二节 数据预处理 …… 69
第三节 LDA 主题分析 …… 72

第六章 微博意见领袖推荐信息对旅游者目的地决策影响的理论模型构建 …… 78
第一节 研究假设 …… 78
第二节 模型构建 …… 85
第三节 研究变量的测量 …… 86
第四节 问卷设计与预调研 …… 92

第七章 微博意见领袖推荐信息对旅游者目的地决策影响的实证分析 …… 97
 第一节 正式问卷发放 …… 97
 第二节 样本人口统计特征 …… 98
 第三节 因子分析 …… 100
 第四节 相关性分析 …… 108
 第五节 假设检验 …… 109
 第六节 信任、感知可用性的中介效应分析 …… 116
 第七节 研究结果分析 …… 123

第八章 微博意见领袖推荐信息对旅游者目的地决策影响的结论 …… 128
 第一节 研究结论 …… 128
 第二节 研究启示 …… 130

注释 …… 134

附录 …… 143

第一部分

理 论

第一章 旅游大数据与人工智能概述

第一节 旅游大数据简介

一、旅游大数据的定义

1. 什么是数据？

举例来说，一个数值 3.14159 是数据，一段文本"今天是晴天"，一个图形，一张图片，一段音乐，一个视频……这些都是数据，它们都有一个共同的特征，就是记录了信息，只是记录信息的方式不同。因此数据可以定义为：信息的记录。对于计算机来说，数据是计算机内存储的 0/1 序列，这些 0/1 序列按照一定的格式记录了信息的内容。

2. 什么是大数据？

数据有量的大小。通常用以下单位来衡量数据量的大小。

1bit=0（或 1）

1B（Byte 字节）=8b（bit 位）

1KB（Kilobyte 千字节）=1024B

1MB（Megabyte 兆字节 简称"兆"）=1024KB

1GB（Gigabyte 吉字节　又称"千兆"）=1024MB

1TB（Trillionbyte 万亿字节　太字节）=1024GB

1PB（Petabyte 千万亿字节　拍字节）=1024TB

1EB（Exabyte 百亿亿字节　艾字节）=1024PB

1ZB（Zettabyte 十万亿亿字节　泽字节）=1024EB

1YB（Yottabyte 一亿亿亿字节　尧字节）=1024ZB

随着 Internet 的发展，Internet 上每天产生和流动着大量的数据，怎样分析、处理、利用这些数据成为新的课题。

从 21 世纪初有了大数据的概念开始，大数据技术主要围绕数据的分布式处理、智能化处理展开。

在大数据发展初期，大数据处理技术主要为数据的分布式存储和处理技术。Hadoop 是其中最著名的开源分布式存储和处理框架。Hadoop 使用分布式文件系统存储海量数据，并使用 MapReduce 数据映射和整合技术处理数据。这种技术可以让数据在多个计算节点之间被存储和处理，扩充数据存储容量，加快数据处理速度。

继 Hadoop 之后，出现了很多的开源分布式存储和处理框架，例如 Spark 和 Storm。Spark 是一种内存计算框架，它使用弹性分布式数据集（Resilient Distributed Datasets，RDD）作为基本数据结构，具有高速的计算速度和高效的内存管理能力。Storm 是一个实时数据处理框架，可以实时处理流式数据。

在大数据发展过程中，随着人工智能的发展，大数据处理技术开始融合数据智能处理技术。主要技术手段包括机器学习、自然语言处理、图像处理等。这些技术可以让大数据的处理更加智能化和自动化，更好地挖掘数据蕴含的价值。

目前，随着大数据与人工智能技术的结合，大数据已在商业、金融、医疗、旅游等领域得到广泛应用，发挥着越来越重要的作用。

大数据的特点除了数据量巨大以外，还有其他一些特征。通常，我们将大数据的特征总结为5V：Volume（大量）、Variety（多样）、Velocity（高速）、Value（低价值密度）、Veracity（真实性）。大量表示数据量很大；多样表示数据来源多样，类型复杂；高速表示数据往往是实时产生的，需要进行实时高效的计算；低价值密度指相对于数据量而言，单个数据的价值是非常有限、非常低的，大数据的数据价值往往体现在数据之间的联系上；真实性指数据真实有效，不是虚假的数据。

大数据处理框架如图1-1所示，通常包含数据获取、数据存储和运算、数据挖掘和数据应用四层。

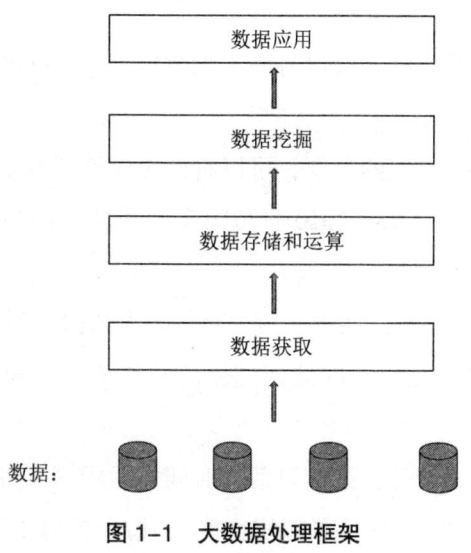

图1-1　大数据处理框架

其中，数据获取层获取需要处理的数据。数据存储和运算层存储和计算所获取的数据。这个层次上，数据被存储在指定的节点，并通过排序、查找、矩阵运算等，使上层程序能够高效访问这些数据。数据挖掘层根据不同应用的需求，对存储的数据进行处理，运用数据挖掘、机器学习等算法对数据进行建模分析，发现数据之间蕴含的规律，挖掘数据的意义。数据应用层分析用户的需求，将数据挖掘的结果，以适当的输出和界面提供给用户使用，这一层主要涉及需求分析和数据可视化技术等。

3. 什么是旅游大数据？

旅游大数据指游客在旅游中需要的或产生的、具有一定存储形式和存储载体的数据的总称。旅游大数据具有一般大数据的普遍特征，它是特指旅游领域或与旅游相关的大数据。

二、旅游大数据的分类

按照不同的分类标准，可以将旅游大数据分为不同的类别。常用的分类方式包括以下几个方面。

按时间分：根据研究的需要，可以将旅游大数据按不同的年份分类，如1990—1999、2000—2009、2010—2019等年份的旅游数据。时间跨度可以根据需求调整。

按空间分：根据研究的需要，可以将旅游大数据按不同的地理位置分类，如不同省份的旅游数据、不同地区的旅游数据等。空间跨度可以根据需求调整。

按数据产生的时间分：按旅游活动时间先后顺序，可以将旅游大数据分为游前数据（如机票、住宿、景区信息等）、游中数据（如交通定位等）、游后数据（如评论等）。

按数据格式分：按计算机存储的数据格式，可以将旅游大数据划分为文本数据、图片数据、视频数据等。

按数据来源分：按照数据来源，可以将旅游大数据分为用户产生的数据和媒体发布的数据。

旅游大数据分类示意图见图1-2。

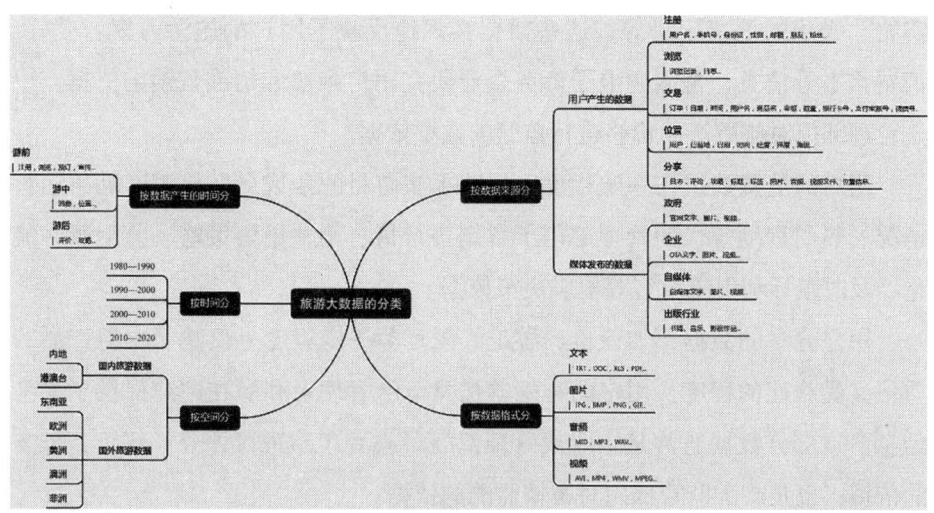

图 1-2 旅游大数据的分类示意

以上是几种常用的旅游大数据的分类方式，旅游大数据的分类还有其他分类标准，如数据量大小、数据的获取方式等。旅游大数据分类的目的是了解旅游大数据的特征，确定数据的研究范围，如某个地区的图片数据、某个城市的视频数据、某地区某年份的旅游数据等。

三、旅游大数据的功能

本节按照数据来源分类后不同数据的特点及其潜在的作用进行分析。

1. 用户数据

用户的浏览记录是用户在旅游电子商务网站上浏览的过程记录，反映了用户的兴趣、意向，是企业了解游客需求和关注点的重要依据。怎样将用户的关注，即点击率，转化为实际的预订和购买是旅游电子商务企业最为关注的问题。

用户的消费记录，包括机票、车票、酒店、景点门票的预订记录，餐饮、购物、娱乐的消费记录等，这些数据客观地反映了用户的旅游习惯、爱好、消费水平等信息，是旅游电子商务企业研究用户画像和精准营销的依据，也是管理部门对旅游产品价格进行监管的重要依据。

用户的消费数据在一定程度上反映了旅游目的地或景区旅游产品的销售情况、热门程度等，为管理部门了解销售行情、调整销售策略、监测游客流量、及时疏导和引流游客等提供决策依据。

用户分享的数据，如评价、游记、图片等一定程度上反映了旅游产品的质量、受欢迎的程度、用户的喜好等信息，给管理者和潜在用户提供了参考信息。这部分数据通常是企业或管理部门对旅游产品进行评分、评级、排名的依据，也是旅游监管部门对舆情监测的依据。

2. 媒体发布的数据

媒体发布的数据有景点宣传、介绍、食住行游购娱的各种信息等。与用户分享的数据相比，媒体发布的数据比较规范，错误信息少，内容全面，内容之间联系丰富，可以用来分析景点及旅游产品之间的联系，描述目的地或景点的形象和关系等。

表1-1描述了按数据来源分类的不同类别旅游大数据的特征。

表1-1　按数据来源分类的旅游大数据特征

数据分类		特点	反映内容	用途	更新速度	普通用户可获取度
用户产生的数据	浏览记录	客观	用户意向，偏好	用户画像等	快	难
	消费记录	客观	用户偏好，消费水平	用户画像，精准营销，价值监管等	快	难
	分享数据	存在一定误差	商品和服务质量，用户喜好	质量管理，排名和营销，舆情监管等	快	通过一定的技术手段获取，如爬取

— 8 —

续表

数据分类	特点	反映内容	用途	更新速度	普通用户可获取度
媒体发布的数据	较全面	产品宣传	目的地形象、搜索等	相对慢	通过一定的技术手段获取，如爬取

第二节 人工智能简介

一、人工智能的历史

在科学和技术不断发展的过程中，人的体力劳动逐渐被机器取代。如何让机器具有智能，让机器逐渐取代人的脑力劳动，让人进一步从劳动中解放出来，一直是科学家们关注的问题。

1950年，英国数学家图灵发表了一篇题为《机器能思考吗？》的文章，在这篇文章中，图灵提出了著名的图灵测试，来定义机器的智能。图灵测试的基本思想是：测试方是一个人，被测试方是一个人和一台计算机，在测试过程中，测试方不接触被测试方，只和被测试方进行一系列的问答，如果在相当长时间内，测试方无法根据这些问题判断被测试方哪个是人，哪个是机器，那被测试的计算机就通过了图灵测试，可以说它具备了人类的智能。这种用人工的方法在计算机上实现的智能，称为人工智能。图灵测试对人工智能提出了一种可操作的定义和判断，被认为是现在人工智能研究的起点，图灵也被公认为是"人工智能之父"。

1956年，在美国达特茅斯大学举行了一次学术会议，这次学术会议聚集了当时在研究用机器模拟人类智能方面有一定见解和成就的不同领域的科学家，他们对新的研究领域的研究范围和需要研究的主要问题进行了深入探讨，提出了"人工智能"这一专门术语，形成了人工智能这一新的学科。

自此以后，人工智能的发展大致经历了四个历史阶段。

1. 初步发展期（20世纪五六十年代）

这一时期，人工智能的主要研究方向包括推理、定理的自动证明、搜索、人工智能编程语言等。这一时期的主要研究成果包括：1956年纽威尔和西蒙的"逻辑理论家"定理证明程序证明了《数学原理》一书中的38条定理，1963年，程序经过改进，证明了该书中的52条定理。1956年，塞缪尔利用对策论和启发式搜索技术编制出西洋跳棋程序Checkers，1959年这个程序战胜了塞缪尔本人，1962年，这个程序战胜了康涅狄格州跳棋冠军。1958年，麦卡锡研制出表处理程序设计语言LISP，它是研究人工智能和开发智能系统的重要工具。1960年纽威尔、肖和西蒙等人研制了"通用问题求解程序GPS"，用它来解决不定积分、三角函数、代数方程等11种不同类型的问题，并首次提出启发式搜索概念。1963年，麻省理工学院开发出了STUDENT系统和SIR系统，STUDENT系统可以解决代数问题，而SIR系统可以理解简单的英文句子，是自然语言处理的开端。

2. 瓶颈期（20世纪七八十年代）

人工智能经历了十几年的发展期后，很多研究的进展没有先前预期的那样顺利，进入了瓶颈期。这一时期，人工智能的主要研究方向包括专家系统、知识表示等。这一时期的主要研究成果包括：1968年，斯坦福大学研制的化学质谱分析系统（DENDARL），该系统能根据质谱仪的数据和核磁谐振的数据，以及有关化学知识推断有机化合物的分子结构，达到了帮助化学家推断分子结构的作用；1970年，用于诊断和治疗细菌感染性血液病的专家系统MYCIN；1976年，矿产勘探专家系统PROSPECTOR。这些专家系统，标志着人工智能走向实用主义，在需要专家知识的领域取得一定的成绩。这一时期的研究也围绕知识表示展开，科学家充分认识到知识的获取、存储、表达、学习对人工智能的重要性，提出了知识工程的概念、新的知识表示方法，如明斯基 1974 年提出的框架理论、David Marr 提出的图像信息的表示方法。1972 年，柯尔麦伦和他领导的研究小组研制成功的 PROLOG 成为继 LISP 语言之后的另一种重要的人工智能编程语言。

3. 快速发展期（20 世纪末）

20 世纪 90 年代，随着网络的兴起，信息社会逐步进入知识共享的时代，人工智能需要突破以前专家系统知识获取、知识扩展困难的局面。20 世纪 80 年代末，人工神经网络的兴起，为人工智能的机器学习这一研究方向注入新的活力，使人工智能进入快速发展期。这一时期的主要研究方向为机器学习及其在各方面的应用，如自然语言处理、图像处理、机器视觉、智能搜索、机器人等。这一时期的主要研究成果是人工神经网络学科的诞生。人工神经网络的主要特点是信息的分布存储和信息处理的并行化，并具有自组织自学习能力，这使人们利用机器加工处理信息有了新的途径和方法，解决了一些符号方法难以解决的问题。1997 年，IBM 深蓝电脑上运行的人工智能国际象棋程序战胜国际象棋冠军卡斯帕罗夫。基于人工神经网络的深度学习广泛用于人工智能的各研究领域。在自然语言处理领域，机器翻译准确度提升，出现了商业化的翻译软件、图像识别、计算机视觉的研究并取得突破进展。这些都为之后的人工智能应用打下坚实的基础。

4. 爆发期（21 世纪初）

这一时期，人工智能与大数据结合，其成果开始应用于人们生活的各个方面。自动驾驶汽车进入实用化阶段。2016 年，Google 人工智能围棋程序 AlphaGo 战胜世界围棋冠军李世石，引起全世界人们对人工智能的关注。之后出现了 ChatGPT、大模型、生成式人工智能、智能医疗诊断系统、远程医疗、机器翻译、机器人服务等，人工智能甚至从科学界进入了艺术界，机器人写诗、绘画、作曲等，这些应用都为人们所熟知。毫无疑问，未来，人工智能将更加深入人们的生活，发挥越来越重要的作用。

由于人工智能研究的是人类智能的计算机实现，所以它虽然是一门计算机学科，但它的发展与其他很多学科，如脑科学、心理学、生理学、物理学、数学等学科的研究密不可分，人工智能学科的发展也越来越依赖于这些学科的研究成果。人工智能的研究和应用，也使得这些学科的研究成果得以验证和推广，促进了这些学科的发展。

二、人工智能的定义

人工智能（Artificial Intelligence，AI），是研究如何让机器模拟和实现人的智能的理论、方法和技术。要全面而准确地理解人工智能，先要理解人的智能。不同的理论对人的智能的定义有所侧重。

思维理论认为智能来源于思维。研究思维的规律和方法是研究智能的核心。

知识理论认为智能来源于知识，积累足够的可用的知识是智能的关键。

进化理论认为智能是进化的结果，人不断地感知并与环境交换，产生智能行为。

多元智能理论认为：智能是解决问题的能力。它表现为七种智能，分别是语言智能、逻辑智能、绘画智能、音乐智能、运动智能、人际智能和内省智能。教育家基于此理论，从多元的角度对人的智能进行开发，培养七个方面的杰出人才。

可见，不同的观点对智能的起源、表现、原理、研究方法有不同的观点。但不可否认的是大脑是智能的物质基础，智能所包含的能力有：感知能力、记忆能力、思维能力、学习能力和行为能力。

其中感知能力通过器官感知环境，与环境交互，处理复杂的交互信息。

记忆能力是对感知信息进行存储的能力，是知识储备的开始和保障。

思维能力是记忆能力的延伸，是对记忆的信息进行加工、处理，变成适应解决新问题的能力。思维包括形象思维、抽象思维和灵感思维。

学习能力是一种集聚知识、发现规律、发现知识之间的本质联系，并将知识用于解决新问题的能力。学习包括从环境中、从自己或他人积累的经验和知识中学习。

行为能力也是一种重要的智能，人只有通过行为才能改变环境，更好地适应环境。

目前的科学研究清楚了智能的表现，但还没有完全弄清楚智能机理，在对人脑的工作原理研究清楚之前，很难对智能下一个全面而精确的定义。

人工智能的定义依赖于对智能的定义。人工智能作为一种智能，可以定义为机器智能，或者人类智能的计算机实现。人工智能作为一个学科或研究方向，可以定义为一切研究实现机器智能的理论、方法和技术。

三、人工智能的主要研究范围及应用领域

人工智能是一门与其他多学科相联系的学科，它的研究范围会随着其他学科的发展和研究成果而扩展，这些学科包括计算机学科中的其他分支、心理学、认知科学、脑科学、社会心理学、数学等，人工智能的发展和应用一定程度也能带动其他学科的发展。

在人工智能学科从建立到现今的70年中，人工智能作为计算机学科的一个分支，在推理、知识表示、搜索策略、机器学习、人工智能程序设计语言的研究方面形成了比较成熟的基本理论和技术。这些基本理论和技术应用到其他人工智能研究的各个方面，并在这些方面取得了丰硕的应用成果，这些成果包括：定理的自动证明、专家系统、自然语言处理、图像处理、智能搜索、机器人等。

人工智能的理论和应用研究逐步渗透到各行各业，机器人围棋程序、自动驾驶、智能翻译、VR旅游、用户画像、智能推荐、智能聊天等，各种智能系统和应用都是人工智能研究的成果。

四、人工智能与大数据的关系

从大数据和人工智能概念出现的时间来看，人工智能概念正式出现在1956年，在这之前已有一些人工智能的研究。人工智能包括了一切与计算机模拟和实现人的智能有关的理论、技术、实践等，人工智能不但是计算机科学，也是人脑科学、医学、生理学、心理学等学科研究的范畴，人工智能研究的终极目标是让机器模拟和实现人的智能，它随着各学科领域的发展而不断发展，每个发展阶段都体现了人类在人的智能和机器智能研究上的新进展。

大数据的概念出现在2005年以后，随着网络的发展，计算机需要处理的数据呈现出大数据的五个特征，在大数据处理中，人工智能的算法发挥了很大的作用。大数据处理技术包括数据获取、数据存储与运算、数据挖掘、数据应用四层，其中数据挖掘层挖掘数据之间的联系和意义，用到了很多人工智能的方法，如机器学习中的分类、聚类、回归、深度学习、强化学习等算法。数据应用层因为有低层的数据挖掘技术支持，体现了很多智能的特点。人工智能的很多算法也随着数据量的增加以及计算机硬件存储量和运算速度的增加发挥出更高的效力。

综上所述，大数据可以说是人工智能，尤其是人工智能中的机器学习的主要应用场景之一，大数据技术中不但用到了人工智能技术，还用到了数据的分布式存储和计算、数据可视化计算等计算机技术。

复习与思考：

1. 什么是大数据？大数据的特征有哪些？

2. 什么是旅游大数据？

3. 至少从三个维度对旅游大数据进行分类，分析每一类旅游大数据的特点和功能。

4. 什么是人工智能？举例说明人工智能在旅游领域的应用。

5. 简要说明大数据与人工智能的关系。

第二部分
应 用

第二章 旅游大数据与人工智能应用案例

第一节 案例一：智能酒店——FlyZoo 酒店

住宿是旅游活动的重要环节，人工智能和大数据技术在住宿中的重要应用之一是目前日益流行的智能酒店。智能酒店又叫酒店智能化，它是将物联网技术与人工智能、大数据技术结合，实现酒店的智能化服务和管理。智能酒店往往能在节约人工、提高酒店管理效率的基础上，为消费者提供更便捷、更高效的个性化服务，提高消费者的住宿满意度。

一、智能酒店的特征

智能酒店通常具有以下特征。

1. 科技应用

智能酒店运用先进的科技设备和系统，如智能门锁、智能照明、智能电视、智能温控等，实现客房设施的自动化和智能化管理。

2. 无人化服务

智能酒店采用自助服务和自助终端设备，使顾客可以自主办理入住、退房、预订和离店等手续，减少对人工服务的依赖，降低劳动力支出。

3. 数据分析和智能管理

智能酒店通过收集和分析大量的客户数据，可以更好地了解顾客的偏好和需求，从而提供更精准的服务，并进行更高效的酒店管理和运营。

4. 方便快捷

智能酒店可以根据顾客的喜好和需求设置房间的不同场景，也可以在智能设备和应用程序上实现预订、结算等服务，为客户提供便捷和个性化的服务。

5. 智慧安全

智能酒店配备智能安防系统，如视频监控、智能门禁等，可以提供更高水平的安全保障。

总之，智能酒店就是基于新型科技的数字化服务平台，采用自动化的方式来提升酒店顾客的住宿体验。智能酒店提供了更便捷、舒适的住宿体验；通过数字化和个性化服务，更好地满足顾客的偏好和需求；提高了酒店的效率和运营管理水平。随着科技的不断进步和消费者需求的变化，智能酒店的发展前景广阔。酒店业如果能够及时转型和适应市场需求，积极引入智能化技术和服务，如人工智能、人脸识别、语音交互等，将能够获得更多的竞争优势和市场份额。

FlyZoo Hotel，中文名菲住布渴，是阿里巴巴旗下的首家未来酒店，也是中国首家无人化智能酒店和全球全场景人脸识别酒店。菲住布渴于2018年

11月在杭州西溪园东门亲橙里商业区开业，拥有290间客房，有菲品布渴中餐厅、菲吃布渴全日制餐厅、菲嗨布渴大堂吧和菲练布渴未来健身中心设施。它的酒店大厅没有传统的值机柜台，也没有礼宾服务。菲住布渴由阿里云提供稳定安全的大数据底层服务，达摩院负责酒店创新研究计划，淘宝技术团队提供酒店整套数字化运营平台、AI智能服务中枢以及智能场景系统的研发，人工智能实验室（AI Labs）提供最新设计的智慧机器人，钉钉团队支持构建了酒店的数据运营平台。而飞猪作为整体业务领衔方，协调阿里内部各方生态资源，共同设计了全链路的体验流程。酒店以智能化体验为核心，旨在带给顾客更舒适、便捷的入住感受。

二、FlyZoo 酒店的智能体验

在整个入住过程中，菲住布渴关键的智能体验包括以下几点。

1. 全场景刷脸身份识别

酒店采用人脸识别、自助入住的模式，顾客可在手机上提前预订房间，可在APP上在线观看VR视频自由选择喜欢的房间楼层、位置和朝向。抵达酒店前，可在手机上凭电子身份证办理入住，也可进入酒店后，在自助办理机处通过人脸识别办理入住手续，不需要去前台排队办理，这样借助智能设备的帮助，简化了入住流程，提升了入住办理效率。基于覆盖酒店内全场景的顾客身份识别，智慧电梯、无触门控都有无感体控系统自动进行人脸识别并开启，通过刷脸可以防止没有订酒店的人随意搭乘电梯，刷脸进房间，也可以最大限度地保证安全性。在酒店、餐厅、健身房、游泳馆等场所也都有人脸识别科技的应用。在酒店内所有场所，通过人脸识别系统就能识别出顾客的身份和房间号，所点的餐品或者饮品将自动被记录在消费清单，客人不需要在现场结账或签单，离店后会随房费一起由支付宝统一扣款。

2. 全语音操控的客房管家

天猫精灵是酒店智能服务的代表。顾客刷脸入住客房后，无须使用房卡插入电源插座，无须手动操作。在菲住布渴酒店，每间客房都配备了智能语音助手"天猫精灵"，它是这个酒店的特色之一，可以通过语音指令控制房间内的各种硬件设备以及提供便捷的服务，例如，开合窗帘，调节灯光和空调，开关电视等室内设备，还可以提供音乐、娱乐、儿童音频、客房送餐、洗衣和外卖等服务。所有你想体验的服务不需要动手，随时呼唤天猫精灵，语音控制一切。比如说"天猫精灵，请将灯光调到浪漫模式"，即可调节灯光。语音交互和感应装置简化了烦琐的操作。目前该系统仅支持中文语言，为了方便国际友人，英文系统还在研发中。语音交互这种新型服务方式，充满了现代感与科技感，引起了大批儿童与年轻人的兴趣。

天猫精灵提供的不是简单的指令交互，而是针对宾客意图进行智能回应。经过上百家酒店需求调研后，天猫精灵筛选出用户在客房会产生的88类服务意图、31类问答意图、22类设备联网意图。针对这些意图，即使变换1000多种问法，天猫精灵都可以智能回应。天猫精灵管家注重用户隐私安全：采用本地唤醒，设备未唤醒时云端不会接收任何语音请求；未设置个人账号，不存储任何个人信息。从硬件到软件最大限度地保护宾客隐私安全。房间控制系统（RCU）集成商整合天猫精灵产品和能力，通过强弱电总开关进行智能电器控制。天猫精灵提供专用配网APP，一次可配置高达1000间房，高级便捷。

3. 智能机器人服务员

智能机器人主要是装备了先进的计算机语音处理系统，内含自然语音库和行业专业语音库，可以针对来访者的问题提供智能化的精准回复。机器人还可以进行场景定制化语音语义，对复杂环境快速熟知，实现零失误讲解引导。智能机器人稳定高效，随时响应服务需求。

顾客进入大堂，将会接到机器人"天猫精灵福袋"迎宾、指引、讲解和带路。大堂机器人行李员通过刷电子身份证可以帮客人搬运行李至客房。在酒店里可以看到机器人管家无处不在，它为顾客提供引导接待、语音交互服务。如果顾客在房间里需要多些护肤品、缺双拖鞋、叫个餐等，可呼叫天猫精灵，机器人"天猫精灵太空蛋"和"天猫精灵福袋"可以自主到配送仓提取被需求的用品，然后为顾客提供送餐、送物品到客房的服务。在餐厅，给你上菜的也有机器人服务员。去大堂演艺吧，大型的机器人调酒师是酒吧的关键核心，顾客可以从几十种饮料中随意挑选，这个智能调酒师可以独立制作多种酒类和咖啡，和人工的速度差不多。还有冰激凌贩卖机，也是机器人来服务的。当顾客出门时，机器人会主动问候是否需要引路，提供贴心服务，满足顾客的不同需求。人工智能的应用提升了酒店品牌形象，增加了客户智能体验感，提高了整个酒店的运行效率。

4. 智能化的个性服务

进入酒店后感知用户的智慧电梯，可以全场景定位，预判需求，自动调度，无须顾客等电梯和按电梯。酒店健身房结合智能技术及沉浸式互动场景给用户创造极致的健身体验，如人机互动、多人PK等。顾客可以根据自己的需求随时离店，在顾客需要离店退房时或是有延迟退房的需求时，打开菲住APP，点击预计退房时间，到点就可以离开，离店时酒店还会送一份离店餐点。

酒店通过智能化信息系统和大数据分析系统，可以对大量消费者群体进行统计分析，会记住顾客每一点习惯，再次光临时可进行自动给予房价及折扣优惠，如主动免费给顾客升级客房类型。系统还会对消费者的消费特点进行分析，为商务消费者、亲子消费者、情侣消费者等群体提供客房、餐饮等方面的个性化服务方案，根据不同的消费者类型设计对应的产品。

第二节 案例二：智能景区导游——智能旅途随身听

导游是旅游行业中不可或缺的重要角色，他们的工作质量直接影响到游客的旅游体验。导游作为特殊的服务人员，一方面，要了解当地的历史文化、风俗习惯；另一方面，要有一定的语言交流与服务意识。在旅游业发展迅速的今天，旅游地对导游工作提出了更高要求。景区导游，是指在旅游景点中，运用专门知识为游客提供讲解、翻译等服务的人员。与普通导游相比，景区导游的工作区域局限于景区。一般情况下，景区导游的主要职责为：按照游客要求，为其制订合适的旅游线路；为游客进行景点解说；陪游客进行游览、购物等活动。除此之外，景区导游作为联系景区与游客的纽带，需要对旅游者提出的意见和建议进行收集并及时反馈给有关部门，推动旅游景点的经营与服务水平提高到一个新的水平。总之景区导游通过提供专业的旅游知识和信息来确保旅游活动的顺利开展和游客的安全，进一步提升旅游体验和推动旅游经济的发展，促进旅游目的地的文化传承和保护。景区导游服务为旅游行业的繁荣和可持续发展做出了重要贡献，景区导游的重要性不可忽视。人工景区导游在发挥重要作用的同时，目前也存在明显的缺点，比如：人工导游服务水平与职业责任感参差不齐，服务质量不稳定，如果碰到不负责任的"黑导游"，旅游体验大打折扣；跟在导游后面走，时间由导游掌握，游客无法自由支配时间；费用较高等。

近年来，随着科技的不断发展，人们的生活方式在不断重塑的同时，也实实在在享受到了科技所带来的便利。作为第三产业的旅游业，近年来也大力推动科技与文旅的融合，智能旅途随身听就是科技与文旅的融合实际应用之一。

第二章 旅游大数据与人工智能应用案例

一、智能旅途随身听的功能

智能旅途随身听是一款安装在智能手机上的 APP，为游客提供景区讲解、景区导游等服务，该款产品的具体功能有以下几个方面。

1. 景区自动导航

导航精确无误，到达景区后会自动开启景区的声音解说，在游览过程中全程讲解。外出旅行最大的问题就是讲解，尤其是自驾游，到了一个地方，如果不提前做点功课或者不找导游，即使再美的风景，只靠眼睛看，有时也会枯燥乏味，如果遇到不喜欢或者不了解的景点，旅游所带来的愉悦就会大打折扣。但当你提前花点时间了解或者在游览过程中有人给你规划路线并提供讲解，那就是截然不同的局面了。对于历史文化、民俗文化景点尤其如此。比如故宫，拥有 146 处景点，如果不听解说，按照踩点的方式游览，几个小时就走完了。如果一边听导游讲解一边欣赏，不休息都得花上将近一天的时间。而对于景点之间怎样规划路线，哪些景点更值得游览，景区自动导航就能很好地解决这些问题。

2. 一键定位

不管景区有多大，都能第一时间定位，还可以定位所在景区的洗手间、医疗点、停车场、餐厅、售票处，非常便捷。

3. 精致的手绘地图

精致的风景名胜手绘地图，让游客足不出户就可以轻松游玩。有了这张手绘的 3D 地图，就算不去旅游，也可以把它当作是一个知识宝库，一边看，一边听，一边学习，体验下来就好像在世界各地"走"了一圈，就像是一本随身携带的百科全书。

4. 景区内容讲解

通过大量生动的景点解说和典故，让游客在旅游过程中感受到更多的历史和文化。从景区地图，到景点介绍、位置、讲解、路线、攻略，上到古诗，下至历史地理、神话传说，应有尽有，深度讲解，将知识与旅行相融合。

5. 旅游线路建议

景区智能随身听提供了各种科学合理的旅游线路，可以根据需求选择最适合自己的景点和路线。

二、智能旅途随身听的特色

这款 APP 的特色具体体现在以下几个方面。

1. 景点覆盖全面

智能旅途随身听集合了五十多个国家，六百多座城市，七千多处风景名胜，十万多处景点，国内和国外的主要旅游景点都包含在内。景点按照所属城市进行分类，点击后首页就会切换到相应的城市景区。景观类型多样，包括人文景观如清华大学、故宫、明十三陵等，自然风光如九寨沟、黄山、西岭雪山等，主题乐园如北京环球影城、欢乐谷、世界花卉大观园等，每个景点还会明确标注景区等级、类型，让人一目了然。

2. 操作便捷

这款 APP 界面简洁，功能板块明显。游客可以根据自己的需要，在对应的板块里搜索，就可以迅速找到自己需要的内容。

3. 丰富的景区讲解和导航功能

地图上每一个耳机标注就是一条音频讲解，直接点击收听即可。讲解内容含有大量地理、文史知识，有的音频会有背景音乐，专业的播音老师录制，普通话标准，不同播音老师的音色与景点相配，比如通过雄厚的嗓音来展现景区的壮美与辽阔，通过甜美的音色来展现美景的舒适与自然等。APP 里还拥有"传说"功能，即会对某些景点的神话传说收录整理成列表，到达景区后选择故事就可收听，这些神话传说很有代表性，游客可以选择去景点前或者在游览过程中收听传说故事，这有利于提升游客对景点的兴趣，因此这对旅游质量的提高有很大的推动作用。景区内科学的路线规划，只需点一下"路线"功能，就能规划出最优路线，从入口到出口，不会漏过任何景点的同时保证游客不走弯路，更不可能出现走回头路的情况，跟着手机导航线路走，既不浪费旅游时间，又能将游客想去的景点都照顾到。

4. 艺术表现力突出

拥有高清手绘 3D 地图，每一处的景点地图都是由专业画师手工绘制而成，所以画面非常清晰直观。为表现不同地理风貌、人文特色，画师用贴合的艺术性风格、颜色、符号等表现该地的鲜明特点，也会对一些损伤文物进行弥补性修复，比如画师把巴黎圣母院曾经的样子手绘在地图上，前后经历 3 次改版，细节修改不计其数，其艺术美感赏心悦目，其中有些别出心裁的小设计，细节满满。

5. 无限升级

随着时间的推移，各个地区也会不断开发和建设新的景区，故该随身听还在不断更新中，其中还包含了很多小众和冷门的景点。

6.教育功能

智能随身听本身就是一个知识宝库,对于游客地理、历史方面知识的学习很有帮助,也单独为孩子设立了游学主题。比如知识藏宝图,让孩子"跟着李白游中国",开启诗歌大闯关。在这个专题里,孩子会走遍李白诗词里的景点,而每到一个诗词诞生的景点,不仅会讲诗词,更会把当地历史、文化、地理知识、相关文学常识一一给大家娓娓道来,不知不觉中,古诗背下来了,故事听进去了,语文、历史、地理也都学到了。

7.价格优势

相较于人工导游的"一次性"服务费用,"永久性"智能旅途随身听便宜得多,只需不到300元就可以永久使用。

总而言之,智能随身听的实际功能多样且实用,具有极高的性价比,是人们旅游过程中"向导"的优选之一,为游客排忧解难的同时,提供高效的娱乐方式,让游客享受到科技的力量。

第三节 案例三:虚拟现实(VR)旅游
——高德地图VR旅游

VR（Virtual Reality）又称为虚拟现实,是利用计算机仿真系统实现虚拟与现实结合,集成了计算机仿真技术、传感技术、显示技术、三维建模技术等,通过这些技术创建一个逼真的三维虚拟世界,生成真实还原现实世界的三维化实景空间,模拟视觉、听觉、触觉等多种感官功能,使身处虚拟世界中的人有一种身临其境的感觉。

随着5G时代科技的不断发展,旅游业与VR的结合越来越紧密,VR旅游作为新型旅游形式,为旅行者们带来了全新的体验,对旅游产业向数字化转型升级有着显著的影响。

VR旅游是一种通过虚拟现实技术来模拟真实旅游体验的方式,让大众在足不出户的情况下沉浸式感受旅游景点。

VR旅游有如下特征:

1. 不受时空限制

传统旅游都是实地旅游,空间上受到制约。游客在规划和交通上也要花费大量的时间和精力,这导致游客去景点参观的时间有限,而且参观时间也受景点开放时间限制,因而时间上也受到制约。遇到诸如特殊天气等情况,传统旅游更是无法实现。而VR旅游很好地解决了这一问题,它消除了时间和空间上的限制,在不同时间和场景下为人们提供了多种旅游方式和体验,让人们随时随地放松心情,感受旅行的美好。

2. 沉浸式、交互式旅游体验

VR技术可以通过模拟真实场景和环境,让用户在佩戴VR眼镜或是其他设备以虚拟的方式去体验旅游目的地,用户参观景点可以取任意路线,并以任意角度观赏、浏览。比如,通过模拟不同的季节和天气状况,可以让游客感受到同一地区不同的自然风光。通过VR设备,用户可以参与虚拟世界中的各种活动。他们在游览过程中可以与其他用户进行实时互动,分享旅行经验和感受,增强旅游趣味性,还可以听AI数字人语音讲解,深入地了解景区的历史文化内涵,提高旅游质量。

3. 保护旅游资源

VR旅游具有可持续性和环保的优点,符合当前社会对绿色发展的需求。故宫文物、敦煌壁画等旅游资源是有限的,文物、历史遗迹的展示需要加以保护。针对这些资源创建的 VR 旅游，可以减少大量人群的旅行需求，降低对热门旅游景点的压力，减少对不可再生资源的消耗和破坏。通过 VR 技术，人们可以更好地欣赏和了解这些资源，从而更好地保护它们。

4. 经济实惠

通过虚拟旅游，人们可以在不离开家的情况下远程体验全球各地的景点和文化，特别是在跨境旅游手续复杂的情况下，VR 旅游可以帮助人们方便快捷地深入了解和体验其他国家和地区的名胜古迹，无须排队等候或受限于时间和空间的限制。对于那些时间和经济有限的人来说，虚拟旅游可以让人们在短时间内游览多个景点，提供了一种经济、便利的旅游选择。

5. 安全性好

旅游的安全性是游客和旅游管理部门需要特别注意的问题。如何在保证安全的前提下，欣赏到惊险刺激、不同寻常的景色，VR 旅游提供了很好的解决方案。VR 旅游能深入普通游客难以到达的地方，以专业的角度，沉浸式展示景点风采，为特殊目的地的安全旅游保驾护航。

综上所述，VR 技术为旅游带来了更多的可能性和选择，提供了便捷、沉浸式、个性化的旅游体验。它与传统旅游相辅相成、相互补充，传统旅游提供真实的感官体验和旅行体验，VR 旅游可以作为传统旅游的一种补充，适合那些由于时间和空间上的限制无法进行真实旅行的情况，或者作为旅行宣传和推广工具，让游客事先了解目的地状况，辅助游前决策。

下面以高德地图 VR 旅游为例来介绍 VR 在旅游中的应用。高德地图是阿里巴巴集团旗下位置服务类软件，拥有庞大的用户群体，是国内最大的人地关系大数据平台之一。2023 年 9 月，高德地图开通了世界地图服务。近年来，高德地图也引入了部分旅游景区和酒店的 VR 全景服务，如故宫博物院、天安门广场、颐和园、希尔顿酒店等。高德地图 VR 旅游通过 360 度全景拍摄、

3D 建模等方式,将旅游景区的景点以虚拟现实的形式展示给用户,使用户能够从多元角度看到景区的结构和布局,为用户提供了沉浸式旅游体验的服务。

高德地图的 VR 技术由 720 云平台提供,720 云平台与高德地图合作,成为高德国内首家 VR 内容入驻商。720 云平台是由微想科技独立开发运营的面向世界各地的 VR 全景创作工具,提供 VR 全景产品,旨在帮助企业加速数字化升级。高德地图将 GIS 技术与 VR 技术结合,丰富地图的表现形式,提高用户黏性。

720 云平台通过 VR 为商家提供入住对接,用户点击 VR 链接不仅可以看到虚拟实景,不同的景区还可以听到不同数字人的语音导览服务,这使得用户在参观过程中能更加深入地了解其文化和历史背景。商家可以用更加生动有趣的方式来进行 VR 全景沉浸式营销,实现了营销与用户体验的双重提升。

以故宫博物院 VR 旅游为例,用户首先需要下载高德地图 APP,在搜索框搜索"故宫博物院",在搜索结果中,点击故宫博物院的名称,即可进入该景点的详细信息页面,包括景点距离、攻略、门票价格、评价等信息。点击主界面上方的"VR"图标进入该功能,一旦进入 VR 页面,用户可以自由切换视角,观察景点的各个细节,通过 VR 技术,用户可以身临其境地感受故宫博物院的宏伟和壮观,甚至可以看到一些平时难以察觉的细节展示。在这个过程中,高德地图的虚拟数字人还会主动打招呼并进行讲解,帮助游客更好地了解景点的历史和文化。除了 VR 游览外,高德地图还提供了周边推荐功能,会推荐一些知名的景点和酒店,如北京奥林匹克公园、颐和园、天安门广场等。用户可以在虚拟游览的过程中,筛选并预订心仪的景区门票、酒店等,提高旅游便捷性。

高德地图中的 VR 旅游与普通的 VR 旅游 APP 相比,有天然的优势。地图是游客在旅游中使用最多的一款软件,地图最重要的功能是提供导航服务、地点搜索服务。通过地点搜索和导航,高德地图 APP 很容易发现潜在的游客和目的地,提供与目的地相关的交通、住宿、景区、美食、购物、娱乐等资源，方便快捷，游客也免去了安装其他旅游服务 APP 的麻烦。在高德地图 APP 中提供 VR 旅游，游客可以直观地了解景点的全貌，包括景点介绍、历史文化背景、游览路线、附近酒店等信息，这种全方位的服务让旅游变得更加便捷和高效。通过这种方式提供的高度还原的虚拟旅游体验，用户在家中就能全方位地欣赏到真实的景色，节省了游客的时间和精力。游客可以在地图上自由规划旅游线路，提高旅行效率。

在旅游过程中，高德地图的 VR 旅游功能配备了实时导航和提示功能，可以为用户提供导航路线和周边信息；还可以提供实时的景点讲解的导览功能，使用户对景区历史文化知识有全面的认识，提升用户的文化素养和参观体验。VR 旅游还可以展示珍稀文物的细节并且还原残缺的古遗址，通过精细化的模拟和还原，将文物古迹重新呈现在用户眼前。除此之外，现代社会旅游人群越来越多，很多游客因为人流拥挤、时间有限等原因，无法全面体验景区的所有景点，这种情况在各地景点普遍存在。但游客可以通过地图 VR 旅游全面体验景区的美景和特色，使游客获得一次完整、丰富的旅游体验。

商家通过在高德地图上入驻 VR 旅游，利用高德地图庞大的流量优势，为商家进行 VR 的沉浸式营销提供了潜在的用户基础，有效地拓展了商家的推广途径。高德地图会根据大数据分析用户行为，将有 VR 的旅游景区优先推荐给目标用户，吸引更多的游客前来游览，为景区带来更多的经济效益。因此，在高德地图平台上，使用 VR 技术的商家与未使用 VR 技术的同类型商户相比会吸引更多的潜在客户并获得更多的市场份额。传统的营销方式是通过图片、视频等方式宣传，形式单一。商家为了追求企业的品牌形象和个人利益，可能会过度美化图片和视频。游客到达目的地之后发现宣传内容与实际体验产生较大差异时，会感到失望和不满。因此，传统的营销方式可能对企业形象和客户满意度造成负面影响。相比之下，VR 全景沉浸式营销通过提供真实、准确、全方位的场景体验，使游客能够更加深入地了解商家的产品和服务，降低期望与实际体验之间的差距，有效地提高品牌知名度和用户忠诚度。特别是在酒店方面，VR 三维全景还原了酒店的真实场景，用户可以提前了解房型、餐饮、娱乐等基础设施的分布和特点，选择自己喜欢的房间预订，减少了因为信息不对称需要重新退房的现象。此外，高德地图提供用户分享的与景点相关的评价和评论，这些评价和评论可以帮助其他游客更好地选择适合自己的旅游景点，同时也有助于商家了解客户需求和反馈，以便进行改进和完善，进一步提升服务质量。

在数字经济时代下，VR 旅游是一项具有巨大潜力和价值的技术创新，应用范围会更加广泛。随着技术的进步和用户需求的不断变化，VR 旅游也将会有更多的发展机遇。VR 旅游将继续发挥其技术优势和资源优势不断改进和完善其服务内容和方式，例如，VR 结合人工智能、大数据等技术手段对用户数据进行追踪，为用户提供更加个性化、精准的旅游推荐。目前，大部分平台 VR 旅游的互动性不是特别强，营造的临场感或者真实感不是特别强烈，所以 VR 技术手段要进一步优化提升。总之，VR 旅游为用户和商家带来了便利，未来会成为引领旅游业发展的重要力量。

第四节 案例四：智能翻译导览设备——逸豆

出境旅游是许多人向往的体验。随着全球化的发展，出境旅游的人数越来越多，中国作为世界第一大出境旅游市场，根据国家统计局数据疫情前的 2019 年出境游人次达到了历史的最高点 1.69 亿人次。疫情结束后，出境游快速升温。随着出境游市场的发展，游客对出境游的逐步了解，越来越多的游客开始追求出境游的品质。由于跟团游在灵活性、自由度和个性化方面存在诸多局限性，选择自由行的游客逐渐增多。对于自由行的游客来说，出境游遇到的最大问题是语言障碍。由于语言障碍导致的沟通不畅、信息传达不到位等问题给旅游者带来诸多不便和困扰，不仅影响旅游体验，有时还可能引发误解和麻烦。

如何解决出境游的语言翻译问题,智能翻译提供了很好的解决方案。目前,出境游时人们常用的两种智能翻译工具,一是 APP 翻译,二是借助翻译机翻译。其中 APP 翻译是指在手机上安装专门的翻译软件,通过操作手机实现翻译功能。翻译机翻译是指专门的翻译硬件设备,设备中安装了翻译软件,通过操作翻译设备实现翻译功能。这两种工具在成本、翻译的及时性、操作便利性等方面存在一些差异。

成本:APP 翻译无须额外购买硬件设备,成本更低。翻译机往往需要购买专用的硬件设备,成本更高。

即时性:APP 翻译是用户在 APP 上输入文字,选择语言进行翻译。翻译机通过对话方式输入需要翻译的内容,通过语音传达翻译结果,即时性比 APP 更好。

操作便利性:APP 翻译通过操作手机来翻译。翻译机通常支持按键加触屏操作,只需要按下几个按钮,就可以完成翻译工作,操作便利性往往比 APP 翻译更好。

下面我们介绍一款先进的翻译机——逸豆。逸豆是逸途科技公司开发的一款包括智能翻译功能的智能旅行管家设备。通过人工智能技术的运用,逸豆能够为游客提供随身 MIFI、实时翻译、智能问答和景点介绍等多种出行服务和解决方案,帮助游客更好地与当地人进行交流,了解旅游目的地的历史文化,规划路线和行程,使出境游更便捷。

逸豆具有外观小巧精美、操作便捷、功能强大的特点,它的主要功能包括:

1. 提供 Mobile Wi-Fi（MIFI）功能

逸豆为逸途科技公司的主要产品,采用 Android 6.0 深度定制系统,配有 GPS 模块和 MIFI 模块,支持全网通高速 4G 体系,同时兼容 3G、2G 及 Edge

网络。逸豆还利用 eSIM 卡上网，eSIM 卡可以充当移动 Wi-Fi，支持 8 台设备连接。eSIM 卡上网就是将传统 SIM 卡直接嵌入设备芯片，而不是作为独立的可移除零部件加入设备中，用户无须插入物理 SIM 卡。eSIM 带来了多方面的好处，从硬件方面来看，手机和其他便携设备不再需要预留 SIM 卡卡槽，这可以节省设备的内部空间，避免因经常换卡插拔而损坏 SIM 卡及卡槽的情况发生。从用户使用方面来说，用户可以自由切换运营商，无须进行复杂的销号再入网操作。这种自由切换的好处是，用户不再受到某一家高额的消费套餐所限制，可以根据成本和运营商优势来选择最合适的方案。

2. 语言翻译

逸豆的翻译精准度很高，反应速度也非常快。在逸豆的机器翻译系统，采用基于 Torch/Pytorch 开源的神经机器翻译框架，它的基本原理，是把用一种自然语言写成的句子 X，先编码（encode），转换成一组向量 H，向量组 H 不仅包含 X 语句中每一词的语义，而且也包含词与词之间的语法结构。然后再把向量组 H 解码（decode），转换成用另一种自然语言写成的句子 Y。

逸豆支持中、韩、日、英、俄、西、法等多种语言，覆盖全球热门旅游目的地的语言。除了常规的语言支持，逸豆还具备方言识别功能，满足用户在国际旅行中的多语种翻译需求。除了强大的语言支持，逸豆的翻译速度和准确率也很高，由于逸豆采取全球服务器，响应时间为 0.2 秒，较同类产品翻译速度快 5 倍；基于 NLP（神经语言系统）的翻译准确率高达 98%，让用户沟通更顺畅。它准确的识别语言和快速的反应速度让用户在短时间内获得翻译结果，大大提高了沟通效率。逸豆还设有离线场景翻译功能，在旅行过程中没有网络的情况下依然可以使用，并且可以将结果重复播放。用户可以在各种场景下使用逸豆进行简单的语言交流和表达需求。总之，逸豆是一款功能强大且方便实用的多语言翻译工具。

3. 智能问答

逸途科技是基于目的地通过语音实现人机交互，即智能问答，可以把相关"吃住行游购娱"等信息呈现给用户，用户可以快速获取所需的信息，而无须在不同的资源或平台上搜索，用户能够更舒适地体验旅行过程。逸豆依靠逸途科技强大的数据支持，为用户提供海量的旅行信息查询服务。它采用了深度人工交互语音系统，用户只需要通过语音输入需求，遍布全球的云端接入核心处理系统会处理用户的需求，并从庞大的知识库中筛选出可信度高的答案呈现给用户。例如，游客可以询问："我要住酒店，附近哪家酒店性价比比较高？"逸豆会根据用户需求和历史数据为用户推荐合适的酒店。如果用户的初步意图不足以满足系统计算的必要条件，系统会通过多轮语音自动交互系统强化与用户的交互理解，以确保能够满足用户需求。

4. 全球景点导览

随着旅游业的发展，导览方式也在不断演变。传统的讲解员导览已经不再是旅游业中的唯一选择，而语音导览则逐渐受到越来越多游客的青睐，但二者方法各有优缺点。讲解员导览可以与游客进行实时互动，提供解释和补充信息，但通常需要游客按照固定路线进行游览，无法自由活动。而语音导览可以提供更灵活的导览体验，游客通过携带的语音导览设备可以根据自己的兴趣和时间自由选择听取导览信息的顺序和内容。但是语音导览讲解景点知识不是特别全面，互动性差。不同的语音导览设备功能也不同，逸豆的语音导览功能解决了上面两种方法的缺点，它具有轻巧便携、易于操作、实时导览解说和良好的互动性等优点，满足了游客的不同需求，让游客更加全面地了解所参观景点的知识。逸豆的景区导览功能收纳全球10W+景点信息，为用户提供了个性化体验的功能。当用户选择景区导览功能时，系统将自动获取当前的GPS定位并结合LBS位置服务系统，通过权重（如距离、用户关注度）计算返回不超过 3 个距离最近的景点信息供用户选择，点击感兴趣的景点后即可播报景点信息。

智能硬件和人工智能技术在旅游行业的应用逐渐成为一种趋势，逸豆智能旅行管家是硬件设备与互联网技术相结合，实现智能感知、交互的硬件产品，是"旅游+AI"的创新应用，推动科技与旅游产业的深度融合。智能硬件产业的发展带来了更加多样化的交互方式、促进了产品的升级换代、推动了相关产业的发展等。人工智能技术在旅游行业的应用正在改变着传统的旅游模式，为游客提供更便捷、个性化、高品质的旅游体验。同时，人工智能技术的不断发展也将推动旅游行业的持续创新和进步。未来，随着人工智能技术的深入应用，旅游业将呈现出更加智能化、个性化和高效化的趋势。

第五节　案例五：数字化旅游市场监管
——三亚海鲜市场海鲜价格监管

改革开放以来，随着旅游市场的蓬勃发展，旅游给人民带来物质生活的巨大改变、精神文化生活的极大丰富的同时，旅游市场乱象，旅游消费、安全、商品质量等事故频发，投诉不断，在一些地区和某段时间，游客对市场不满，怨声载道，甚至引发较大的事故，目的地旅游形象损毁的情形时有发生。如何有效地监管旅游市场，减少旅游中的意外和不满，使市场合理化、合法化、有序化、规范化，不断提高游客的满意度，一直是旅游监管部门关注的焦点，是旅游市场发展的痛点、难点，也是旅游学术研究的热点，具有很高的实用价值。

由于市场的复杂性，人工市场监管虽然消耗了很多人力、物力，但监管效果一直不够稳定，很难保证始终达到满意的效果。以海滨城市为例，海鲜的价格和分量常常是游客投诉的重点，很多海滨城市的市场监管都曾被这个问题困扰，以往的监管措施一是市场管理人员不停巡查，二是处理投诉，这样的监管方式往往很被动，不能全面及时地发现问题，预防问题的发生。有些城市甚至因为严重的价格问题毁掉了整座城市的旅游名片。如何利用先进的技术手段，及时、有效、全面地进行商品价格监管，目前一些旅游城市已经找到了解决方案。他们通过数据采集系统获取实时交易数据，将交易数据汇集到统一的监管平台，不仅能及时了解每笔交易的信息，还能通过大数据分析，对不正常的交易进行迅速反应和预警，交易信息记录也能实时反馈给游客，让游客投诉时有据可循，解决游客购物的后顾之忧，使有关价格的旅游投诉迅速减少，极大地提升了游客的满意度和旅游城市形象。

三亚市是我国著名的海滨旅游城市。三亚火车头精品海鲜超市是三亚最大的海鲜市场，有近百家海鲜摊位。过去市场管理员每天都要挨家挨户地巡视检查海鲜价格和分量，避免缺斤少两，即便如此消费纠纷仍时有发生。

从2018年开始，三亚市政府陆续为这里的所有商户配备了一款特殊的公平秤，每台公平秤上有数据线与交易平台联网，每笔交易数据都会通过网络实时传送到交易平台，交易平台的数据也实时接入三亚市放心游监管平台。平台依据时令海鲜批发价、零售价及历史成交价结合市场供需等多维度数据，每天分析并发布各类海鲜的最高指导价。当消费数据进入平台，系统会自动检查每笔交易，发现价格超标时，就会启动警告，自动生成监管工单进入联合执法系统处理。这让政府头疼的欺客宰客问题被有效监管起来。同时，每笔交易会生成纸质交易小票，小票上包括海鲜的单价、分量、总价以及二维投诉码。在游客进行消费时，如果出现实际消费种类、金额与小票信息不符时，游客可以扫描二维码进行便捷投诉，监管部门将游客投诉信息与商户交易信息比对确认，使游客投诉信息在最短时间内得到处理。这种先进的价格监管模式受到了游客的一致好评，提高了三亚的城市旅游形象。目前这种监管模式正在全国很多城市推广。在技术的推动下，旅游市场监管正从被动的人员巡查模式升级到自动的市场监管模式。

总的来说，数字化监管具有以下特点：

（1）及时。在数字监管中，交易数据实时传递到监管部门，消费纠纷能得到及时解决，避免了纠纷扩大。

（2）准确。监管数据准确无误，处理纠纷有依有据，避免以前发生纠纷时公说公有理、婆说婆有理，不好判断事实真相的现象。

（3）高效。与过去相比，监管人员的工作量大大减少，纠纷处理速度加快，工作效率提高。

（4）自动。商品交易信息会通过网线自动上传到监管数据平台，不需要人工操作；计算机程序自动分析数据，结果反馈给工作人员，便于工作人员获取关键信息以开展后续的处理工作。

（5）全面。联网的每一个商户、每一次交易都能得到监管，信息采集全面而真实，保证了监管的公平公正。

复习与思考：

1. 分析未来酒店管理中哪些功能需要智能化，哪些功能可以保留人工服务。
2. 对比人工导游和机器导游的优缺点。
3. 举例说明虚拟旅游的应用场景。
4. 针对网络上最新的旅游投诉案例，提出改进旅游市场监管的办法。
5. 举例说明智能旅游的应用场景。
6. 分析新一代游客的需求及哪些需求可能通过智能化技术解决。

第三部分
前沿研究

第三章　微博意见领袖推荐信息对旅游者目的地决策的影响概述

随着互联网、社交媒体的不断发展，微博平台用户数量持续增加，逐渐成为内容传播的一大渠道，社交媒体中开始有不同领域的网红、意见领袖出现，并在营销、带货等方面发挥日益重要的作用。微博平台中，旅游领域意见领袖通过分享、"种草"、推荐等形式推荐旅游产品或服务，影响潜在旅游者对信息的感知，从而影响旅游决策行为。旅游领域内微博意见领袖发布的旅游相关内容具有什么特点、主题分布如何、信息具有什么特质、通过何种方式推荐，这些因素如何影响旅游者目的地决策、通过什么机制影响、影响程度如何，都需进行深入探讨。

针对以上问题，我们介绍一项基于旅游数据分析的旅游市场营销研究：旅游领域微博意见领袖推荐信息对旅游者目的地决策的影响。

该研究基于微博意见领袖、旅游者决策行为的研究现状，从推荐信息特质角度切入，梳理相关文献，结合研究需要爬取微博平台"2020年十大影响力旅游博主"及"2020十大人气旅游博主"共20位旅游领域意见领袖2019年6月—2021年6月所发布的微博内容、用户评论作为研究数据，对数据进行分析及LDA主题提取之后，得出推荐信息量化程度、信息质量、信息时效性、信息互动性、信息呈现形式与信息表达方式共6个微博意见领袖推荐信息的特性。并依此提出研究假设与理论模型，使用SPSSAU在线系统及Amos 26.0分析数据、检验假设。

研究结果显示：①推荐信息量化程度、信息呈现形式对旅游者目的地决策有直接影响；信息质量、时效性、推荐信息量化程度、互动性、表达方式对信任的影响依次减弱，呈现形式没有显著影响；在对感知有用性的影响中，推荐信息量化程度、互动性、呈现形式、时效性、质量影响程度依次减弱，表达方式对其没有显著影响。②推荐信息量化程度、信息质量、信息时效性、信息互动性通过信任、感知有用性的中介作用对旅游者目的地决策行为产生影响；信息呈现形式通过感知有用性对旅游目的地决策行为产生影响；信息表达方式通过信任对旅游目的地决策产生影响。③"推荐信息量化程度/信息质量/信息时效性/信息互动性/信息表达方式→信任→感知有用性→旅游目的地决策"链式中介路径存在。

结合研究结论，针对性提出政府重视微博意见领袖的营销作用并与其合作、识别微博意见领袖、提升推荐信息量化程度、提高信息质量、推荐信息的呈现形式多样化等建议。

第一节 研究背景

一、微博成为网络营销重要渠道

随着互联网的发展，媒介种类及形式开始发生变化，微博、小红书等社交型媒体发展迅速，快速抢占市场；网红、自媒体层出不穷，依靠自身在某一领域的专有知识及特色，通过直播带货、Vlog等更为生动真实的方式，凭借个性化表达、互动性强、定位精准等优势，为人们提供了一种新的获取信息、购买产品的渠道。随着忠实粉丝的增多，影响力逐渐超过传统媒体，开始被广泛运用于旅游等各领域营销宣传中并取得不错的效果。

作为目前国内最大的社会化媒体平台之一，微博具备社交、内容传播的功能，深受广大用户尤其是中青年群体的喜爱。截至2021年3月，月活跃用户达到5.3亿，日活跃用户达到2.3亿。随着用户的不断增加，强大的受众基础使微博成为目前活跃的社交载体之一，是人们生活中日常娱乐、交流、获取信息不可或缺的一部分；且发布内容成本低、传播速度快、发布内容形式多样化，深受用户喜欢。随着更多企业的加入，通过广告宣传、福利抽奖等形式吸引更多用户关注，微博开始成为网络营销的重要渠道。

二、旅游决策逐渐"KOL（Key Opinion Leader）化"[1]

微博等网络平台上的信息质量良莠不齐，潜在旅游者在出行之前往往会为了降低决策风险而进行大量信息搜集与对比整理，从而最终得出相对真实可靠的旅游信息；部分博主以推荐、"种草"为主要内容进行发布，体验旅游目的地的相关旅游产品或服务，并从潜在旅游者的角度出发，为其推荐较为客观、真实的旅游信息，并且有一定的更新频率，这部分博主开始成为微博认证的旅游大V、知名旅游博主等，为旅游者的旅行提供信息参考，帮助其做出决策。决策"KOL化"成为各行业不容忽视的发展趋势。

北石同学、抬头看风景nono、旅游约吗、竹内亮导演等博主在微博拥有大量忠实粉丝，其发布的内容、推荐的旅游信息往往具有高互动量，环球旅行达人、旅行玩家等认证使其更容易被用户信任，发布内容的阅读量、互动量、视频播放量等拥有较好的数据，可以为用户提供信息参考，用户采纳信息之后，便会促进其决策行为的产生。

三、微博意见领袖成为被广泛使用的旅游营销方式

随着社交网络、自媒体发展，意见领袖在营销领域影响力日益变大，越来越多的企业选择与微博意见领袖合作，旅游景区、企业亦采取这种方式扩大自己的知名度与影响力，拥有大量忠实粉丝的微博意见领袖开始成为被广泛使用的旅游营销方式。微博意见领袖具有比一般用户更长的产品生命周期，微博意见领袖主页"微博小店""找我合作"功能、"福利"等话题标签，推动更多企业与其合作，通过直播、视频 Vlog 等形式扩大产品影响力，共同获取更大收益；网红探店引起的粉丝打卡行为、博主维维任意门与奥迪的合作、北石同学与三星手机的合作等，都具有较高的点赞、互动数据，取得了不错的营销效果。云南古滇名城、新疆那拉提旅游风景区等景区与北石同学等博主在微博进行互动，企业、政府等与微博意见领袖合作，通过信息推荐、直播旅游等方式，吸引更多旅游者，带动当地经济发展，已经成为被广泛使用的营销方式。

第二节　研究内容及方法

一、研究内容

本研究的主要内容如下：

（1）微博意见领袖在旅游领域内推荐信息特质的分析研究。通过爬虫、LDA 主题分析方法对微博平台中旅游领域意见领袖（旅游大 V）"2020 年十大影响力旅游博主"及"2020 十大人气旅游博主"在 2019 年 6 月—2021 年 6 月推送的微博内容、视频等主题、特色及点赞评论数据、超话数据等进行整

理分析；对微博推荐内容下用户评论数据进行分析，提取主题，挖掘用户潜在需求，将意见领袖的推荐信息及用户的评论信息二者进行综合对比，概括出微博意见领袖推荐信息的特征及属性。

（2）微博意见领袖对旅游者目的地决策的模型构建。通过阅读相关文献、结合 LDA 主题分析法提取出的微博意见领袖推荐信息的各特质，基于信息传播说服理论、SOR 理论、信息采纳模型及行为决策理论等，提出相关假设，构建微博意见领袖推荐信息特质对旅游者目的地决策的影响模型。并通过问卷调查法收集数据，进行模型检验与修正。

（3）根据所构建模型，研究各推荐信息特质对旅游者目的地决策的影响机制及作用大小，并在此基础上提出相应的建议和对策。

二、研究方法

1. LDA 主题分析

LDA 主题模型（Latent Dirichlet Allocation）是常见的主题模型之一，确定主题数 K 之后，系统可以将所有词语归结为 K 类，用不同的词语描述各主题。[2] 在本研究中，LDA 主题分析的运用如下：依据研究拟解决的问题，收集旅游领域下微博意见领袖发布内容、推荐信息的网络文本资料，并对收集到的资料进行处理和分析，归类出微博意见领袖推荐信息的主要特质及微博用户较为关注、感知到的微博意见领袖推荐信息特质。

2. 问卷调查法

问卷调查法是以书面设置题项的方式，了解研究对象对于某问题的看法，在此基础上结合研究目的进行数据分析等。在本研究中，问卷调查法的运用如下：在整理分析爬取 20 位旅游领域微博意见领袖的微博内容特质及评论特点的基础上,结合已有学者对该类问题的成熟测量量表,设计出适合研究主题的问卷,小范围预调研以验证题项设置的有效性、合理性,修正题项之后完善为最终的调查问卷。

3. 统计分析法

统计分析法是运用数学方式,建立模型,对通过问卷调查、调研等方式获得的数据及资料进行归纳、统计分析,最终形成可以解释变量之间深层次关系的结论的研究方法。[3]本研究利用 SPSSAU 在线系统和 Amos 26.0 软件对问卷调查得到的数据进行信效度分析、相关分析、路径分析、中介效应分析等,确保设计的量表稳定、可靠,以验证研究假设是否成立、理论模型是否合理。

第三节 研究意义

一、理论意义

首先,系统梳理意见领袖、信任与感知有用性、旅游者决策相关研究;着重考虑推荐信息的特质(信息质量、趣味性、视觉线索等),并在此基础上,结合研究初期通过网络爬虫分析当前社交媒体下微博意见领袖发布内容的特点属性,较为全面地确定出目前微博营销中旅游领域内意见领袖推荐旅游相关信息的特质;对目前已有研究中的微博意见领袖推荐信息特质加以更新。

其次,在以往学者研究的基础上,基于 SOR 理论(Stimuli-Organism-Response,刺激—机体—反应)、信息采纳理论、行为决策理论等,以微博意见领袖推荐信息的六个特质为自变量、信任与感知有用性为双中介变量,构建微博意见领袖推荐信息特质对旅游者目的地决策的影响模型。在以往学者研究的基础上补充更新的微博意见领袖推荐信息特质，将感知有用性引入模型中，在中介变量研究的基础上探讨中介变量之间的影响关系，在一定程度上对该研究主题的结果加以补充完善。

最后，本研究以微博为例，研究微博意见领袖推荐信息特质对旅游者目的地决策的影响，切入角度较细，是对新媒体环境下对旅游消费者行为研究的丰富与充实。

二、现实意义

通过 Python、LDA 主题分析法确定最新微博意见领袖推荐信息的特质，对目前微博环境下内容营销的特征予以研究，探讨微博意见领袖推荐信息的特质与旅游者目的地决策之间的关系，可以为意见领袖提升内容特质、识别微博意见领袖、旅游目的地营销提供指导建议。

通过探讨微博意见领袖推荐信息的哪些特质会对旅游者目的地决策产生影响、如何产生影响，各特质影响作用大小、机制，分析用户评论，分析其对意见领袖发布内容的态度、潜在需求等，可以帮助微博意见领袖分析自己的竞争力、不足，从而提升内容品质，吸引更多潜在旅游者关注自己，为其旅游决策行为提供参考。

企业、旅游目的地政府可以从微博意见领袖推荐信息的特质着手，发现、培养更多契合自身的意见领袖，与其合作，营销扩大影响力，完善自身产品及服务，提升旅游品质，吸引旅游者，从而促进目的地旅游的发展。

第四节 研究框架

本研究的技术路线如图 3-1 所示。

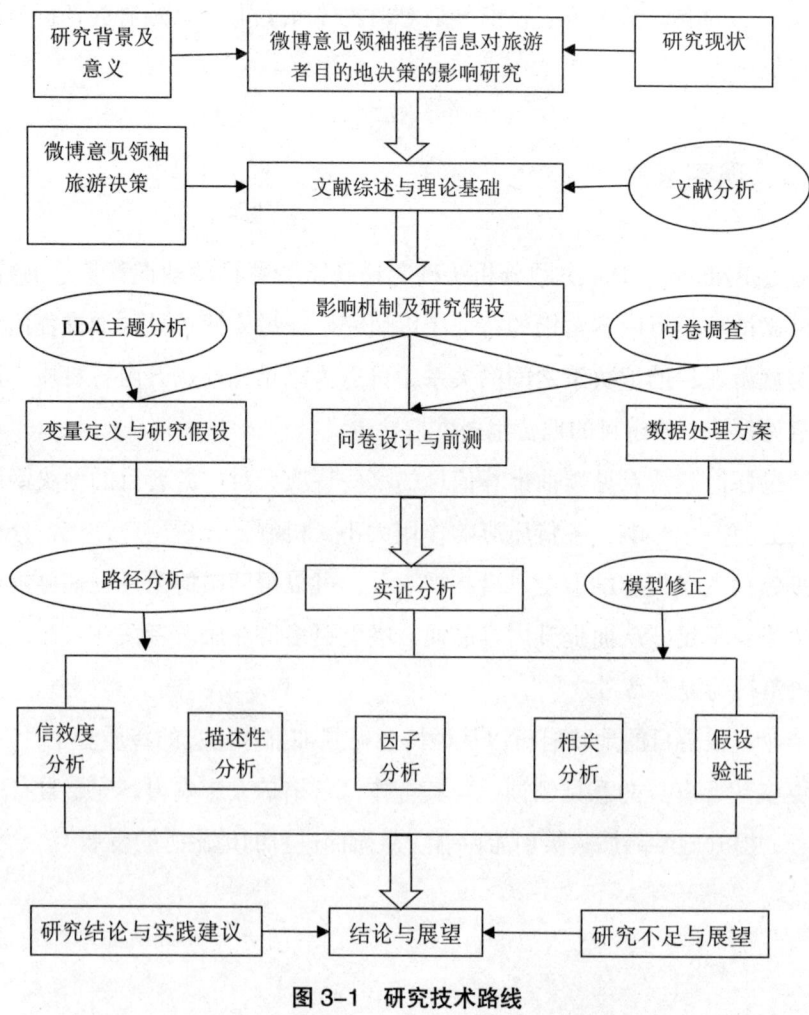

图 3-1 研究技术路线

第五节　研究创新

一、研究内容的创新

研究前期通过抓取 20 位旅游领域内微博意见领袖推荐内容及相关评论的数据，分析整理微博意见领袖推荐旅游信息的特点、属性，在以往学者研究的基础上，对信息特质加以补充，最终得出推荐信息量化程度、信息质量、信息时效性、信息互动性、信息呈现形式、信息表达方式六种推荐信息特质。相对已有研究而言，所挖掘出的信息特征符合最近时期社交网络发展的动态，与用户紧密相连，得出的特质以及研究后期模型检验得出的相关结论、建议对潜在旅游者、意见领袖等会更有帮助。

结合信息传播说服理论，在将信任作为中介变量的基础上，加入感知有用性作为中介变量，研究双中介变量影响下，不同推荐信息特质对旅游者目的地决策的影响机制、作用大小等，并且研究了信任、感知有用性之间的影响作用，发现信任对旅游者的感知有用性有显著正向影响，以此补充完善了研究影响机制。

二、研究方法的创新

利用 Python 爬取 20 位旅游领域内的微博意见领袖 2019 年 6 月—2021 年 6 月时间段内发布微博的内容、点赞、评论数、发布时间等数据，通过 LDA 主题分析得出微博意见领袖推荐信息特质；利用路径分析法对本研究提出的研究假设与理论模型进行实证分析，能更精确生产内容的哪些属性对用户的目的地决策有何影响。大数据分析与路径分析两种方法相结合使研究结论更加严谨、科学合理。

> **复习与思考：**
> 1. 查询五位旅游微博意见领袖分享的信息，分析他们推荐的目的地信息。
> 2. 调研网红经济存在和发展的现状。

第四章 微博意见领袖推荐信息对旅游者目的地决策影响的理论基础

第一节 相关理论基础

一、SOR 理论

SOR 理论即刺激（Stimuli）—机体（Organism）—反应（Response）理论，是学者 Mehrabian 和 Russell[4] 从营销学角度，在经典条件反射理论、刺激—反应理论基础上加以补充之后形成的新理论，如图 4-1 所示。该理论认为环境中的任何因素都可以对人产生不同程度的刺激，影响其情绪或认知，从而促进一系列行为（如意向、决策行为等）的产生，已有的研究成果被广泛应用于消费者行为领域。

图 4-1 SOR 理论

口碑是消费者获得信息[5]、收集信息的重要来源之一，接收信息之后，潜在旅游者对信息进行判断、整理分析等，利用有效信息执行旅行决策。微博意见领袖是在信息传播过程中扮演着信息来源的角色，推荐、发布相关信息，研究将其推荐信息的各个特质作为刺激因素（S），潜在旅游者对其接收信息的信任、感知有用性作为机体（O），旅游者目的地决策作为反应（R），探讨微博意见领袖推荐信息特质对旅游目的地决策的影响机制。

二、信息传播说服理论

美国耶鲁大学教授 Hovland、Janis 和 Riley[6] 于 1953 年提出信息传播说服理论（见图 4-2），认为在信息沟通与口碑传播过程中，信息来源、信息本身，以及信息接收者是影响信息沟通效果的三大类因素，对消费者态度与行为意向的改变起到关键性作用。

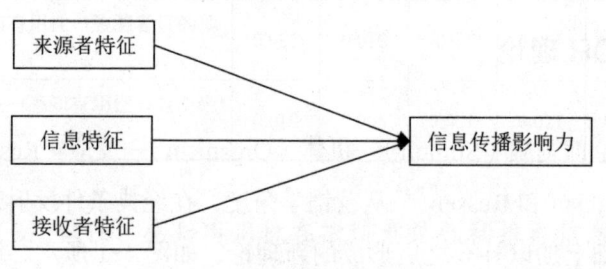

图 4-2　信息传播说服理论

（1）信息来源。信息来源主要包括信息发送者的专业能力、来源可信度。Gilly 等（1998）认为信息的专业性是影响接收者衡量信息是否可信、可信度如何的重要指标[7]。信息来源度的高低会影响接收者对所接收信息的认知，对接收者的影响程度亦不同。

（2）信息本身。信息本身包括信息内容、信息的表达方式。信息内容的质量、信息表达的客观性会影响接收者对所接收信息的感知。

（3）信息接收者。信息接收者指其专业能力，以及动机两个角度。信息接收者的专业能力主要指其在获取网络信息过程中或某一产品领域内所拥有的知识、经验等，动机指信息接收者获取、想要收集信息的动机。信息接收者的专业能力及动机都会对其接收信息产生一定影响。

三、信息采纳模型（IAM）

信息采纳模型（Information Adoption Model，IAM）认为网络环境下，信息质量和来源可信度会影响人们对于信息的感知有用性，从而决定人们是否接受、采纳该信息[8]，如图4-3所示。

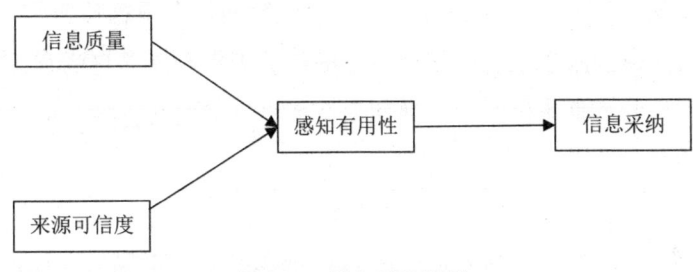

图4-3　信息采纳模型

信息质量包括信息的专业性、完整性等；信息来源的可信度是指接收者对信息发布来源的信任程度，主要包括信息发布者的专业可靠性、发布渠道的安全性等。一般来说，信息质量、来源可信度越高，受众感知到的有用性便会越高。用户采纳信息之后，可以对其决策行为提供参考。

信息质量与来源可信度中，信息本身的质量作为中心路径，对感知有用性有更为直接的影响，来源可信度相对来说是边缘路径。

四、行为决策理论

行为决策理论的发展始于19世纪50年代，赫伯特·A.西蒙在《管理行为》中提出"有限理性"标准及"满意度"原则。即人是有限理性的，进行决策时，受各种因素影响，会介于理性与非理性之间；决策者由于经验、专业性等不足，认知能力有限，不能获得全部信息，因此会把一部分信息当作所有信息来源，做不到全部了解，从而在识别信息的过程中容易产生感知上的偏差。

行为决策理论与其他理论的不同之处在于，其更加关注决策者本身，强调从决策者本身出发，将决策者的决策过程看作一个信息处理的过程，从信息的获取、处理，到信息的输出与反馈，从认知心理学角度对决策者选择、判断信息的机制，以及内部外环境对决策者行为的影响进行分析研究。

体现在旅游领域，潜在旅游者在旅游出行前，会根据旅游需求，浏览、搜集旅游目的地的旅游信息，结合自己的经验识别判断信息的真伪好坏、是否对自己有帮助、是否借鉴等，评估出合适自己的旅行方案，最终做出旅游决策。

第二节 微博意见领袖相关研究

一、微博意见领袖的概念与界定

1. 意见领袖

意见领袖（Opinion Leader）又被称为舆论领袖，最早由美国学者Lazarsfeld、Berelsont 和 Gaudet 于 1948 年在《人民的选择》中提出，认为意见领袖在某一领域具有专业知识或对某些问题拥有自己独到的见解，从而在某群体中建立起信任，获得大家的关注。意见领袖比普通大众在人群中更具活跃性，会定期更新发布一些内容，表达自己的看法，对他人获取信息、做出决策等产生影响[9]。

第四章 微博意见领袖推荐信息对旅游者目的地决策影响的理论基础

学者们早期主要从公众信息传播角度对意见领袖加以定义，Arndt（1967）将意见领袖定义为接触大众传媒较早，将信息通过客观叙述或人工处理之后传播给他人的人[10]。Corey（1971）认为在获得信息之后，相比一般用户，意见领袖会结合自己在领域内的知识将信息加工处理之后以更专业、全面的形式传播给周边的人们，他们的意见往往具有代表性，更容易被大家信服[11]。

在市场营销学领域，学者们将意见领袖称为 Key Opinion Leader，简称 KOL。KOL 通常活跃于社交网络，拥有一定专业知识，比普通消费者拥有更多的信息来源、拥有更为丰富的产品或服务购买，以及使用经验，将这些信息通过社交网络发布，从而对消费者产生不同程度的影响：意见领袖将自己对产品或服务的了解，结合自己的经验输出观点，提供给消费者参考借鉴，帮助消费者制定相应的购买决策等。与普通消费者相比，意见领袖拥有更长的客户生命周期，有能力通过口碑营销增加产品或服务的销量。[12]

综合已有文献研究，学者们认为意见领袖比一般人更早接触信息、有丰富的信息渠道来源，获得信息之后会结合自己的经验、专业性以客观表达或看法表达的形式向大众输出自己的观点，从而影响他人的态度和行为。

2. 网络意见领袖

21 世纪互联网技术、社交媒体快速发展，在网络上涌现出一大批意见领袖，网红、专家等都属于意见领袖中的一种。随着网络意见领袖数量的不断增多，他们开始在自己擅长的领域内深入发展，影响力不断扩大。国内学者开始在意见领袖的基础上对网络意见领袖进行延伸研究。

网络意见领袖最早由学者 Burson Marsteller[13]（1999）提出，其认为网络意见领袖借用互联网资源及优势发布信息，对他人的态度、决策等产生影响，通常保持有较快的更新发言频率；他们在虚拟的网络中比普通用户拥有更多、更复杂的网络社会关系。[14]与传统意见领袖相比，网络意见领袖活跃于互联网平台，在某一领域拥有更为全面、专业的知识，与消费者有更为直接、频繁的互动。

3.微博意见领袖

微博意见领袖属于网络意见领袖的一种，可以是人，也可以是某个组织，他们在微博平台拥有一定数量的粉丝群体，在微博平台表现活跃[15]，发布的内容通常具有较高数量的点赞、评论以及转发量，在某一细分领域有其专业见解，可以对微博用户的态度或行为意向等产生影响，甚至可以改变舆论导向。[16]王艳华[17]（2018）认为微博意见领袖通过自己在虚拟平台中的地位，以及影响力加强人们的信任感，从而对其态度或行为产生影响。

本研究所指的意见领袖是指长期活跃于微博平台中的在某一领域具备专业的知识，通过输出自己的观点、推荐信息等方式对其态度及行为产生影响的人或组织。其所发布的信息有较好的点赞、评论等数据，与用户之间有良好的互动，发布内容专业可靠、具有说服力。

二、意见领袖的特征

1.意见领袖的个体特征

学者们对意见领袖个体特征的研究目前主要包括知名度、专业性、互动性等（见表4-1）。

表4-1 意见领袖个体特征研究观点汇总

学者	意见领袖个体特征
Kchan 和 Misra[18]（1990）	知名度、个性化、与时俱进

续表

学者	意见领袖个体特征
Weimann[19]（1994）	活跃于人际传播网络、高涉入性、知识性（某一领域）、创新性、全球化视野 对产品或服务相关信息的掌握更多、更全面
黄晶[20]（2013） 王志男[21]（2018）	专业性、社交性 处于复杂的网络社交环境中
许璟梓[22]（2015）	活跃于人际社交网络，拥有众多追随者，并在其擅长的专业领域有独到的见解及优秀的个人表达能力，具有更高的社会参与性及互动性

2. 意见领袖的推荐信息特征

通过对相关文献的回顾梳理，发现学者们对于信息传播过程中的信息特征的研究主要包括信息质量和视觉线索两个方面（见表4-2）。

表4-2 意见领袖推荐信息特征研究观点汇总

学者	意见领袖推荐信息特征
Delone & Mclean[23]（2003）	信息质量 并将其测量分为五个维度：准确性、相关性、及时性、全面性、动态性
Cheung等[24]（2008）	信息质量 构建信息采纳模型，将其测量分为四个维度：相关性、时效性、准确性、全面性
程彬[25]（2012） 刘君兰[26]（2014）	对信息质量的测量加以补充：趣味性
Lurie和Mason[27]（2007）	视觉线索 通过图片或者视频等形式传递的信息更容易被消费者所理解与接受；消费者可以更为清晰地了解产品、服务等各方面属性

在微博意见领袖推荐信息特征之外，潜在旅游者的出游动机及口碑评价也会对其旅游决策行为产生影响。Filieri[28]（2013）研究发现信息质量会对决策产生影响；面对高质量信息，出游动机则对旅游者信息的选择起主要作用，[29]且意见领袖推荐信息之后，用户评论的完整性也会对旅游者决策产生

积极影响。[30]

3.意见领袖的信息表达方式

江晓东[31]（2015）将产品分为搜索型产品与体验型产品，通过实证研究发现，对于搜索型产品，客观型评论对用户的感知有用性有正向影响；对于体验型产品，带有情绪性色彩的评论更容易使用户的感知有用性增强。

意见领袖在推荐旅游目的地产品或服务信息的过程中，除了对事实型信息的全面专业、呈现形式等特质对潜在旅游者行为有影响之外，在推荐信息时，意见领袖势必会加入自己的情绪、看法、态度等，通过说话的语气、发布内容中的语句表达等体现出来，这些意见领袖主观加入信息传递中的情绪也容易被用户感知，影响其对接收信息的态度、信任。在情绪与意见领袖传播过程的研究中，Forgas[32]（2006）提出，情绪会影响注意力与认知，从而对我们判断信息、行为决策产生作用。沈倩等[33]（2018）通过实验，提出积极的情绪表达可以促进用户的网络助人行为，Berger[34]（2011）也认为愤怒、愉悦等情绪会触发信息接收者的情绪共鸣，并在信息传递过程中迅速对他人产生影响。因此，意见领袖的信息表达方式会对潜在旅游者的信任、感知有用性，以及决策行为等产生不同程度的影响。

三、意见领袖的影响力研究

学者们通常从研究、完善评价指标体系、构建模型，以及研究意见领袖对于用户一般行为的影响力、如何影响这两方面开展意见领袖的影响力研究。杨长春等[35]（2014）选取10位微博意见领袖实证分析，得出扩大意见领袖影响力的因素，并在此基础上构建微博意见领袖影响力评价指标体系；白贵等[36]（2013）通过对30位活跃博主分析得出原创率、微博数量、粉丝数，以及转发评论数对微博影响力有显著正向影响；学者杨瑞斌[37]（2022）以知乎为例，研究其社交模式，以及意见领袖的影响力机制；汤胤等[38]（2016）研究微博意见领袖对用户转发行为的影响。

此外，部分学者对政务、公共事件中意见领袖的影响力进行研究。学者阳露[39]（2014）研究公共事件中微博意见领袖在政策解读、引领舆论、公众意识激发等方面的影响；王艳[40]（2014）研究公共事件中微博意见领袖对民意表达及参与的影响机制，并提出部分意见领袖在传递信息的过程中存在过度情绪化、言语暴力等现象，需要加以识别并加强素质培养。柯敏[41]（2013）选取重大突发事件，研究微博意见领袖通过传递、转发信息获取民众影响力的机制。

第三节　旅游者目的地决策相关研究

一、旅游决策的概念界定

旅游者决策是旅游者行为研究领域中至关重要的内容之一，一直以来都是学者们热议的话题。陈健昌等[42]（1988）认为旅游决策是人们在外出旅行之前收集信息、并结合自身偏好做出决策的一整个过程。学者邱扶东等[43]（2004）认为人们在搜集相关信息之前，带有一定的旅游目的，之后进行搜集信息、感知、利用信息做出决策行为。旅游决策包括旅游地、交通及住宿、游玩安排、产品或服务购买等；[44]消费者对这些因素进行选择、执行的时候，会面临大量繁杂的信息，需要对其筛选处理。[45]

旅游者决策包括旅游目的地的选择、交通住宿安排、产品服务购买等多项活动的决策，但目的地的选择确定其实是整个旅游活动过程中较为重要的一环，是旅游活动首先要考虑、决策的，交通、娱乐等其他活动均是在目的地决策的基础上产生的。对旅游者决策的研究，主要从目的地着手，研究微博意见领袖推荐信息特质对旅游者在目的地相关行为决策的影响机制。

二、旅游者目的地决策的影响因素研究

1. 旅游决策的影响因素研究

旅游决策的影响因素研究一直是旅游决策的研究重点。旅游者以往的旅游经验、对旅游地的熟悉程度[46]，旅游者对产品服务的感知价值[47]，如旅游地的环境是否符合个人爱好[48]等都会影响旅游决策。

除个人因素外，Zahra Parvaneh 等学者[49]（2014）认为旅游信息也很重要，会对旅游者决策行为产生影响。聂献忠等[50]（1998）提出旅游地的形象和环境信息因素会影响旅游者的决策；潜在旅游者对目的地的形象感知也会影响其决策行为。[51]

随着互联网的发展，旅游者的决策行为开始呈现出新的特点，学者们对互联网环境下旅游者决策的研究内容主要集中在网络信息、社交媒体对旅游者决策、使用社交媒体、信息分享等行为的影响。在社交媒体环境下，姚丹[52]（2014）指出社交媒体影响了旅游者决策。部分学者研究网络环境中推荐信息对旅游者决策的影响因素。樊冬平[53]（2013）通过实证研究发现潜在旅游者在微博平台中的互动、信任、涉入度等正向影响旅游者的出游决策。

2. 旅游者目的地决策的影响因素研究

旅游者关于旅游目的地的相关决策行为仅是旅游决策行为中的一小部分，但随着旅游决策研究范围的逐步广泛，有必要对旅游者关于目的地的决策进行针对性研究。学者黄谦[54]（2009）研究影响旅游者目的地选择的因素，提出旅游者个人经历、感知价值对目的地选择有正向显著影响。Jalilvand 和 Samiei[55]（2012）研究发现网络口碑通过影响旅游者的态度、主观规范和感

知影响其目的地决策。李星群[56]（2010）将游客分为潜在旅游者和旅游者，从不同旅游者视角切入，研究影响不同旅游者旅游决策行为的因素，得出旅游者受以往旅游体验的影响更大，而潜在旅游者受目的地影响更大。学者张晗[57]（2018）以微信朋友圈为例，研究信息发布对旅游者目的地决策的影响，最终通过实证研究得出信息发布者的专业性、游客的感知有用性等显著正向影响旅游者关于目的地的决策行为。

第四节 感知有用性的相关研究

在营销学领域中，Kempf 和 Smith[58]（1998）提出用户对所获取的信息是否对决策行为有帮助性作用的感知可以称为感知有用性。学者 Alduaij[59]（2020）通过实证研究，提出社交媒体环境下，用户对有用性的感知体现在"社交媒体是有用的"，以及"社交媒体更快"两方面，且感知有用性决定了用户是否采纳其所接收的信息。学者高静和焦勇兵[60]（2016）在研究社交媒体信息源对旅游意图影响中定义感知有用性为：游客在使用社交媒体了解相关旅游信息时感受到信息源能够带来的便利程度。针对感知有用性的定义，学者们大多从信息来源、信息内容两方面加以综合定义，用户的感知有用性一方面是是否对自己有帮助，另一方面是是否可以提升效率。

部分学者研究用户的感知有用性对其态度、行为的影响。吴茹双[61]（2013）研究得出感知有用性对微信用户的使用态度有正向影响作用。Alduaij[62]（2022）以大学生为调查对象，研究其对 Facebook 上健康信息的感知可信度及有用性，发现用户对健康信息来源的信任越高，感知有用性越强。用户对信息的感知有用性影响着其对信息的采纳与接受，对系统的使用态度。[63]

结合已有文献研究，本研究结合 SOR 理论和信息接受模型，将感知有用性作为中介变量引入模型中，更加清晰地厘清微博意见领袖推荐信息特质与旅游者目的地决策之间的关系。

第五节 研究评述

学者们对意见领袖、旅游者目的地决策的研究已较为成熟，随着社交网络，以及自媒体的发展，微博意见领袖开始走入大家视线，并发挥越来越大的营销作用。

关于微博意见领袖，已有文献大多集中于意见领袖的概念与界定、特征，以及影响机制研究；意见领袖对消费者购买意愿、旅游决策行为等研究已有部分，但相对而言，针对微博意见领袖对旅游者决策行为的影响的研究较少，微博作为一大社交营销平台，其作用值得我们深入研究。

在已有的意见领袖（微博意见领袖）对旅游者影响的研究中，大多将意见领袖作为自变量进行研究，而将微博意见领袖推荐信息的各个具体特征分别作为自变量进行研究的研究较少，无法具体了解某个具体推荐信息特征对旅游者决策行为的影响，内容营销的作用逐渐变大，因此研究具体的信息推荐特征非常有必要。

旅游领域内对旅游者决策的研究大都以微博意见领袖个人特质、推荐信息特质两大因素感知价值为中介变量，研究微博意见领袖对旅游者决策的影响机制；其中，对微博意见领袖个人特质（知名性、专业性、互动性）的研究已较为完善，推荐信息特质方面目前已经被验证研究的有信息质量、趣味性、视觉线索，但随着互联网的快速发展，微博意见领袖在社交平台发布的微博内容具有更新的一些特质，学者们研究较少，因此研究前期抓取微博意见领袖推荐信息的具体数据，以期分析出其更新的推荐信息特质，补充、完善现有研究的自变量切入点。

第四章 微博意见领袖推荐信息对旅游者目的地决策影响的理论基础

将信任作为自变量或调节变量,对其在意见领袖对旅游者目的地决策的影响研究已有许多,测量量表、研究机制等均已较完善;感知有用性以往多被用于信息系统相关研究中,旅游营销领域极少,但感知有用性对潜在旅游者获取、识别信息有一定影响作用,因此本研究想要探索感知有用性在微博意见领袖推荐信息特质与旅游者目的地决策之间的作用。

综上所述,本研究将主要从具体的微博意见领袖推荐信息特质视角入手,构建微博意见领袖推荐信息特质与旅游者目的地决策的关系模型,并通过实证研究加以验证。

复习与思考:

1. 查阅相关文献,说明 SOR 模型在旅游领域的应用。
2. 影响目的地决策的因素有哪些?这些因素是怎样相互作用的?

第五章 微博意见领袖推荐信息的特征分析

第一节 样本数据的采集

本研究主要选择目前微博平台"2020年十大影响力旅游博主"及"2020十大人气旅游博主"2019年6月—2021年6月所发布的微博内容、用户评论作为样本来源。

利用Python抓取20位旅游领域内的微博意见领袖2019年6月—2021年6月时间段内发布微博的内容、点赞、评论数、发布时间，以及评论文本等数据，共得到20位旅游领域微博意见领袖推荐的内容7879条，微博评论共363 779条，其中每篇微博内容下抓取按热度排名前100名的微博用户评论与互动数据。对文本进行整理分析，希望可以较为全面地了解微博意见领袖推荐信息特征对旅游目的地决策的影响研究。

对20位微博意见领袖粉丝数量、转评赞总数、粉丝群、超话粉丝等数据，在2019年6月—2021年6月两年内发布微博的数量加以整理（见表5-1）。

由表5-1可知，20位旅游领域内微博意见领袖均具有一定数量粉丝及粉丝群，部分博主开通属于自己的超话，拥有较为忠实的超话粉丝互动。通过仔细浏览其微博发布内容、推荐信息，发现微博意见领袖均有属于自己的微博发送频率，或者 2~3 天 1 次，或者每天 1 次甚至 2 次。

表 5-1 微博意见领袖推荐信息数据

	微博意见领袖	所发微博数量（条）	粉丝数量（万个）	转评赞数量（万条）	粉丝群（个）	超话粉丝（个）
微博"2020 年十大影响力旅游博主"	李佳迅 Sue	315	302.4	222.8	15	3409
	刘雨鑫 JASON	270	231.3	222.4	4	无
	旅游约吗	825	1116.7	2049.6	1	9458
	素素拓拓的旅行派	157	204.2	75.5	5	3687
	千懿姐姐	379	309.8	226.8	1	323
	行走 40 国	269	393.5	659.9	1	无
	人字拖游记	370	148	157.7	7	无
	小小莎老师	531	274.1	305.6	1	8037
	北石同学	641	677.6	644.3	4	3513
	抬头看风景 nono	962	572.7	1389.2	2	12 000
微博"2020 十大人气旅游博主"	琳时出发 Travel_Lin	352	153.3	249.2	2	12 000
	我住在这里的理由	103	191.4	153.2	2	3825
	D 姑娘早安	340	164.8	354.8	6	无
	小墨 MO	279	221.9	74	2	无
	维维任意门	512	530.4	3001.6	1	285
	就是谢小仟（仅半年可见）	8	325.7	178.5	1	无
	雷靖 -	382	283.3	266.8	2	无
	Roy 黄元甫	232	150.5	98.4	1	无
	谷岳	294	199.2	257.5	1	无
	爱美实验室	658	300.6	411.8	1	无

在 20 位微博意见领袖所有发布内容中，点赞、评论数排名前 20 的微博内容相关数据进行整理（见表 5-2），其中话题讨论类相关微博有 9 条，占比较高，话题讨论类微博带有明显的互动性，微博内容鼓励大家一起参与讨论、

发表自己的见解，此类微博点赞、评论数较多，也会吸引更多的潜在旅游者参与讨论。明显带有互动性色彩请求的微博内容，可以促进更多用户加入话题讨论，带动微博热度，从而扩大微博话题的吸引力、影响力等。

疫情期间微博意见领袖仍旧坚持推荐旅游产品或服务，保持更新频率，由表5-2可以看出，尽管疫情对我们的影响非常大，但对于潜在旅游者旅游意向、旅游决策行为的影响仍是存在的，因此研究微博意见领袖推荐信息对旅游者目的地决策的影响，更多是从推荐信息特质角度，研究其对旅游者目的地决策的影响，实际旅游决策行为的产生旅游者仍会考虑其他具体且复杂的因素以保证旅行的顺利及满意度。

景点推荐（种草）与旅行经验分享微博的点赞、评论数也很多，说明此类信息对潜在旅游者有吸引力，微博意见领袖推荐种草旅游产品或服务、分享自己的旅游经验，可以以专业、全面的视角提供给旅游者参照，因而对旅游者的决策行为有一定参考及帮助。

表5-2 微博意见领袖推荐信息点赞（评论）数据

微博意见领袖	点赞数（条）	评论数（条）	发布时间	微博推荐信息所属主题
谷岳	161 862	1422	2021/6/5 19：54	景点推荐：北京百里山水画廊
刘雨鑫JASON	146 168	2116	2019/11/25 15：54	话题讨论：真正的好朋友
我住在这里的理由	133 794	2219	2021/4/20 17：05	话题讨论：中国印象
谷岳	104 867	8134	2020/9/8 17：39	美食探店评测：北京王府井 视频形式
北石同学	89 429	1485	2019/7/22 14：25	推荐种草：四个海岛 互动：用户投票
北石同学	86 474	877	2019/9/2 23：57	话题讨论：中国男篮惜败波兰
刘雨鑫JASON	74 252	843	2020/2/25 20：23	推荐种草：东北日常美食
我住在这里的理由	65 033	2591	2021/4/8 22：47	话题讨论：创造营
旅游约吗	58 414	224	2019/12/18 13：06	旅行经验分享：旧金山旅行

续表

微博意见领袖	点赞数（条）	评论数（条）	发布时间	微博推荐信息所属主题
刘雨鑫 JASON	35 019	11 206	2019/11/29　16：22	话题讨论：2020 旅行经历
北石同学	32 236	10 603	2021/5/19　18：00	个人经历分享#中国旅游日
维维任意门	30 468	613	2021/5/4　11：30	旅行经验分享+广告营销
我住在这里的理由	27 256	4536	2020/2/21　19：18	话题讨论：疫情期间戴口罩互动（@竹内亮导演）
北石同学	26 415	1116	2021/2/21　13：19	话题讨论：电影《你好，李焕英》
我住在这里的理由	25 504	1845	2021/4/16　17：21	话题讨论：创造营
刘雨鑫 JASON	25 501	2466	2019/11/25　14：27	话题讨论：真正的好朋友是什么样
琳时出发 Travel_Lin	24 845	1884	2020/11/25　10：14	广告：2020 广州车展奥迪
雷靖-	23 186	2084	2021/1/10　15：33	旅游经历分享：云南采用 Vlog 方式
雷靖-	21 056	1481	2021/1/19　18：32	旅游经历分享：长白山采用 Vlog 方式
北石同学	20 588	1380	2020/4/21　19：00	旅游经历分享+广告（三星手机）

第二节　数据预处理

由于是对大量数据的采集，无法对每一条评论进行具体的识别筛选，所得到的文本会出现一些重复、偏离主题等情况，为保证研究结果的科学有效，对数据进行筛选，剔除无效、没有意义的评论，对所采集到的数据进行以下处理。

1. 停用词典的构建

对爬取内容去重处理之后，仍存在部分对主题提取无意义的文本，代词、副词等对研究推荐信息主题提取意义不大,且会影响建模准确性,因此构建停用词典,停用词及字符种类示例见表 5-3。

表 5-3 停用词及字符种类

停用词种类		停用字符样例	微博意见领袖推荐信息	用户评论
标点及其他符号			~ @ # % * ( )《》' ',。	
数字			1234567890	
外文			A b c you	
词语类型		语气词	呀 吧 唉 欧 吗	
		量词	一场 一路 一条 一张	一次 一种 一位
		动词	来看	
		其他词语	因为 所以 其实 但是 因此 旅游 微博 这是 到底	原来 一下 一定 一次

将停用词放入 stopwords.txt 文本文件中,去停用词的 Python 代码如下,其中 wordlist 为评论文本分词后的词汇列表。

```
# 加载中文停用词
def load_stopwords():
    stopwords = []
    with open('stopwords.txt', 'r',encoding='utf-8') as f:
        for line in f:
            stopwords.append(line.strip())
    return stopwords
# 去除字符串中的中文停用词
def remove_stopwords(wordlist):
    stopwords = load_stopwords()
    new_wordlist = [item for item in wordlist if item not in stopwords]
    return new_wordlist
```

2. 文本分词

将采集的文本，使用 Python 环境中的 jieba 中文分词库中的 lcut（）函数对文本进行分词处理，利用自定义的停用词表去除停用词。

3. 同义词替换

通过对爬取数据整合，发现微博意见领袖及用户评论中，部分词语本质意义相同，只是表达不同，分开统计会分散数据，从而影响数据分析结果的精准性。例如：杭州（杭州市）、上海（上海市），将此类城市名称的不同称呼统一替换为城市（杭州）；对意义相同（如旅游、旅行、travel）的词统一替换为其中一个词，对爬取的微博意见领袖推荐信息及用户评论中同义词进行替换，具体示例如表 5-4 所示。

表 5-4 同义词替换

旧	新
杭州市（其他城市同）	杭州
旅行、travel	旅游
直播间	直播
哈哈哈哈	哈哈哈

同义词替换部分的 Python 代码示例部分如下，其中 wordlist 为评论文本分词列表。实际运行时，同义词表存放在 Excel 文件中，读入程序后存放在 similar_words 字典中使用。

```
def similar_combine(wordlist):
    similar_words={" 杭州市 ":" 杭州 ",\
        " 旅行 ":" 旅游 ",\
        "travel":" 旅游 ",\
```

```
            " 直播间 ":" 直播 "\
            " 哈哈哈哈 ":" 哈哈哈 "\
            … …}
     for i in range(len(wordlist)):
            if wordlist[i] in similar_words.keys():
                    wordlist[i]=similar_words[wordlist[i]]
     return wordlist
```

第三节 LDA 主题分析

对于经过分词、去除停用词、同义词替换后的文本，采用隐含狄利克雷分布（Latent Dirichlet Allocation，LDA）主题分析模型，利用 Python 中的 LdaModel 包对文本进行主题提取，程序核心部分如下，其中 num_topics 的值为设置的模型主题数，num_words 的值为设置的模型每个主题中的词汇数量。

```
import gensim
from gensim import corpora,models,similarities
import jieba
import numpy
import scipy
#LDA 主题建模
contents=[list(wordlist)]
dictionary=corpora.Dictionary(contents)
corpus=[dictionary.doc2bow(sentence) for sentence in contents]
lda=gensim.models.ldamodel.LdaModel(corpus=corpus,id2word=dictionary,num_topics=5)
```

```
for topic in lda.print_topics(num_topics=5,num_words=30):
    print(topic[1])

#计算模型困惑度
print(lda.log_perplexity(corpus))

#计算模型一致性
coherence_model_lda=models.CoherenceModel\
(model=lda,texts=contents, dictionary=dictionary, coherence='c_v')
print(coherence_model_lda.get_coherence_per_topic())
```

一、微博意见领袖推荐信息主题的确定

程序运行中，不断赋值 K，观察困惑度和一致性的数值变化情况，如图 5-1、图 5-2 所示，当 K 值为 7 时，微博意见领袖推荐信息具有最高的主题一致性和相对较低的困惑度，说明主题内部语义一致、主题与主题之间相对独立，因此将主题数设置为 7。

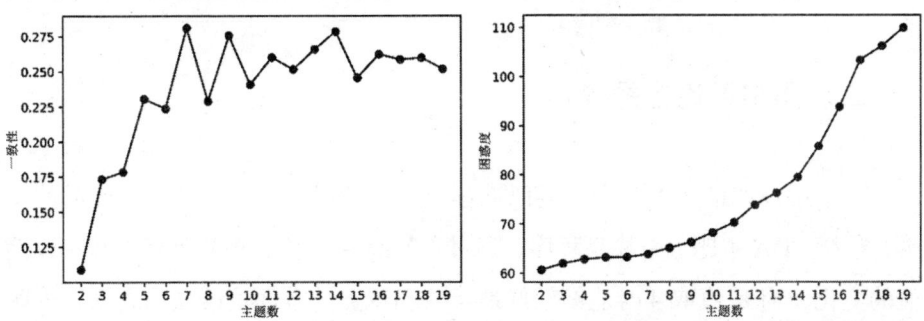

图 5-1 微博意见领袖推荐信息主题一致性　　图 5-2 微博意见领袖推荐信息主题困惑度

将微博意见领袖推荐信息所凝聚成的7个主题中高频关键词列举如下（见表5-5）。其中在主题1中"超级""不要错过""期待"等词，都带有微博意见领袖传递信息过程中的个人情绪色彩，将主题1归类为"信息表达方式"；主题2中关键词多为"抽奖""关注"等词，体现出微博意见领袖之间的互动，将主题2命名为"信息互动性"；结合微博意见领袖发微博的频率，以及主题4，可以发现微博意见领袖通过保持较快的更新频率，且所推荐信息和当下时事紧密结合，因此挖掘出另一个微博意见领袖推荐信息的特质：信息时效性。

表5-5 微博意见领袖推荐信息主题关键词

主题	高频关键词	所体现信息推荐特质
主题1	超级、错过、喜欢、美好、期待	信息表达方式
主题2	抽奖、粉丝、链接、平台、转发、关注、礼物、红包	信息互动性
主题3	广州、上海、三亚、成都、厦门	国内景点推荐
主题4	疫情、治愈、中国、希望、守护	社会责任、时效性
主题5	种草、分享、美食、花式种草、攻略、宝藏、打卡、好物	推荐、安利
主题6	景点、城市、酒店、世界、国家、加州、欧洲、意大利	信息质量（全面性）
主题7	冰雪、草原、博物馆、星空、沙漠	信息质量（趣味性）、全面性

二、用户评论主题确定

对于用户评论文本，经历类似推荐信息的类似处理，得到预处理后的文本，运行LDA主题分析模型程序，通过不断改变K值，观察困惑度和一致性值的变化，当K值取4时能够较好地反映和覆盖游客评论语义的含义，主题之间一致性最高，如图5-3所示，当K值介于3和5时，此时困惑度的值相对较低，如图5-4所示，因此将主题数设定为4。

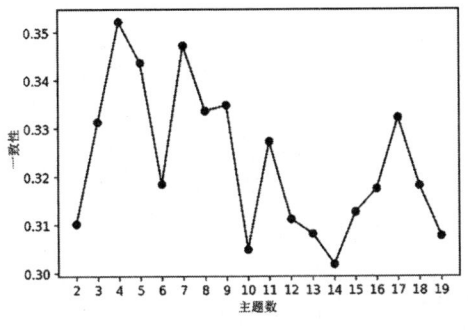

图 5-3 用户评论主题一致性

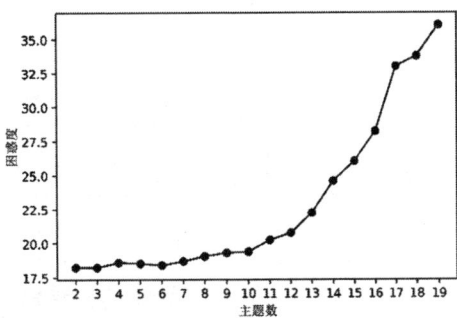

图 5-4 用户评论主题困惑度

将微博意见领袖推荐信息所凝聚成的 4 个主题中高频关键词列举如下（见表 5-6）。主题 1 中"评论""转发""关注"等词，体现出微博用户与意见领袖之间的互动，将主题 1 归类为"信息互动性"；主题 2 中，用户评论"好看""不错""可爱"等词，表达了其对意见领袖推荐内容的赞美、夸赞，带有自身感情色彩，因此将主题 2 归类为"信息表达方式"；主题 3 中，用户评论"链接""网页""视频"及"图片"等词，均体现出意见领袖推荐内容过程中采用信息呈现形式的多样性，用户对多样化信息呈现形式的期待与需求等，将主题 3 归类为"信息呈现形式"；主题 4 中，用户评论"抽奖""奖品"等词，是意见领袖通过抽奖等奖励性活动与粉丝之间增进交流的一种互动方式，"羡慕""规则"等词体现出用户对奖励、福利活动的渴望参与，抽奖等奖励性互动亦是微博意见领袖与粉丝之间互动的一种形式，因此主题 4 亦归类于"信息互动性"中。

表 5-6 微博意见领袖推荐信息下用户评论主题关键词

主题	高频关键词	用户评论主题特质
主题 1	评论、直播、转发、分享、更新、关注	信息互动性
主题 2	好看、不错、喜欢、好吃、开心、可爱、好美、期待、羡慕、支持	信息表达方式

续表

主题	高频关键词	用户评论主题特质
主题3	链接、网页、配图、视频、照片	信息呈现形式
主题4	抽奖、奖品、详情、链接、规则、机会、羡慕	奖励机制、信息互动性

三、微博意见领袖推荐信息特质的确定

结合上述20位旅游领域内微博意见领袖推荐信息的点赞评论数据、高互动内容所属主题、微博用户评论中所体现的对微博意见领袖推荐信息特质的感知，将旅游微博意见领袖的推荐信息与用户评论数据二者进行整理后对比，最终得出以下微博意见领袖推荐信息特质，研究其对旅游者目的地决策的影响。

（1）微博意见领袖推荐信息量化程度：被推荐内容的转发数、点赞数、评论数等综合程度。

（2）信息质量：包括对旅游目的地、旅游产品或服务描述的准确性、完整性与趣味性等。

（3）信息时效性：推荐信息的频率、是否结合时事热点、引领旅游领域最新动态等。

（4）信息互动性：微博意见领袖推荐信息过程中采用提问、@、加话题tag、超话等方式，与潜在旅游者交流互动；微博用户在微博意见领袖发布微博之后进行评论类型的用户之间的互动。

（5）信息呈现形式：微博意见领袖传播信息时采用的表达方式为纯文字、长文、图文结合、视频、直播等。

（6）信息表达方式：客观描述旅游产品或服务的信息、对旅游产品或服务购后体验的发表及推荐，加入自己的态度，带有一定的情感色彩[64]。

复习与思考：

1. 用 Python 爬虫获取任一旅游意见领袖发布的数据，内容主要包括"意见内容""评论内容""日期""评论数"等，将这些信息存储在 Excel 表格中。

2. 利用 Python 的 pandas 数据处理包对题 1 中的"评论内容"进行去重等预处理。

3. 利用任一中文停用词表（哈工大、百度通用词表等），去除题 2 中的"评论内容"停用词。

4. 建立第 1 题爬取数据的用户自定义词典。

5. 利用 Python 数据包识别第 1 题数据的命名实体。

6. 利用 Python 数据包识别第 1 题数据的关键词。

7. 利用 LDA 模型对题 3 结果提取主题。

第六章 微博意见领袖推荐信息对旅游者目的地决策影响的理论模型构建

第一节 研究假设

一、推荐信息量化程度

在社交网络中,用户推荐信息拥有较高的点赞、转发、评论数据,系统便会将该条内容推送给更多的潜在用户,与推荐内容的曝光量、收益等都有直接影响,旅游领域亦是如此。网络平台将信息推荐给用户,吸引用户的注意之后,用户会点进内容详细浏览,这一行为发生在用户可能会采纳某一信息之前[65]。赖胜强等[66](2011)以景区为例,研究发现推荐文本及图片数量、用户评论数量正向影响旅游者决策。Duan Wenjing 等[67](2008)研究发现用户在线评论发帖量对电影销售收入有显著正向影响,发帖量容易影响用户的意识效应,让用户对评论所讨论电影的第一反应较好,吸引关注。综合上述研究,本研究提出以下假设:

H1a:微博意见领袖推荐信息的量化程度对信任有正向影响作用

H1b:微博意见领袖推荐信息的量化程度对感知有用性有正向影响作用

H1c:微博意见领袖推荐信息的量化程度对旅游者目的地决策有正向影响

作用

二、信息质量

董玉[68]（2011）通过分析微博营销对消费者品牌态度的影响，提出在微博营销中，意见领袖所推荐信息的质量会对其品牌购买意愿产生影响。周佳梅[69]（2017）研究网络口碑对旅游决策的影响，提出微博意见领袖是口碑信息的主要来源者，其推荐内容的质量会对消费者的购买决策产生影响，对旅游决策行为产生正向影响。

潜在旅游者在微博上根据自己的需求搜索相关信息，对意见领袖推荐的内容信息进行识别、判断，感知其推荐信息是否有用、是否可信，选择符合自己需求的信息为旅游出行提供参考。在旅游决策中，如果潜在旅游者认为微博意见领袖发布的旅游信息质量很高，就会产生十分强烈的感知价值，从而影响旅游决策行为。综合上述研究，本研究提出以下假设：

H2a：微博意见领袖推荐信息的信息质量对信任有正向影响作用

H2b：微博意见领袖推荐信息的信息质量对感知有用性有正向影响作用

H2c：微博意见领袖推荐信息的信息质量对旅游者目的地决策有正向影响作用

三、信息时效性

依据信息的生命周期理论，信息本身是具有时效性的，旅游信息更新是否及时、能否根据社会热点迅速提供最新旅游讯息，都会影响潜在旅游者对意见领袖推荐信息时效性的感知，进而影响旅游决策行为。丁勇等[70]（2017）提出，社会化媒体信息的时效性会影响顾客感知价值。潜在旅游者对信息获取时效性的感知影响其对目的地的认知，从而影响决策行为。

综合上述研究，本研究提出以下假设：

H3a：微博意见领袖推荐信息的时效性对信任有正向影响作用

H3b：微博意见领袖推荐信息的时效性对感知有用性有正向影响作用

H3c：微博意见领袖推荐信息的时效性对旅游者目的地决策有正向影响作用

四、信息互动性

微博意见领袖推荐信息的互动性主要是指微博意见领袖在微博平台上与粉丝进行的双向互动行为，包括微博潜在旅游者的点赞、转发、评论与私信行为，微博意见领袖对一般用户评论、提出问题的回复等。微博意见领袖与潜在旅游者之间可以通过评论、@、超话互动等各种形式讨论互动，从而为各自的旅游决策行为提供信息参考、帮助。学者们研究互动性对消费者购买意愿、决策行为等的影响，研究发现互动性对用户的旅游意向、决策行为等有正向影响。因此，本研究提出以下假设：

H4a：微博意见领袖推荐信息的互动性对信任有正向影响作用

H4b：微博意见领袖推荐信息的互动性对感知有用性有正向影响作用

H4c：微博意见领袖推荐信息的互动性对旅游者目的地决策有正向影响作用

五、信息呈现形式

信息传播学理论认为，信息本身呈现方式的不同会对信息传播效果产生影响，Lurie 和 Mason[27]（2007）提出通过图片、视频等形式传递的信息更容易被受众理解接受。丰富多样的信息呈现形式可以帮助消费者对旅游目的地等旅游产品及相关服务有更为全面的认识，并对其产生了解的欲望。在互联网背景下,微博意见领袖通过文字、图片、视频等形式发布的旅游信息会对潜在旅游者的信任及感知有用性产生影响,从而促进其旅游决策行为。综合上述研究,本研究提出以下假设:

H5a:微博意见领袖推荐信息的呈现形式对信任有正向影响作用

H5b:微博意见领袖推荐信息的呈现形式对感知有用性有正向影响作用

H5c:微博意见领袖推荐信息的呈现形式对旅游者目的地决策有正向影响作用

六、信息表达方式

意见领袖在传播信息的过程中,除了信息本身具备的特征对旅游者目的地决策有影响作用外,意见领袖在传递信息时所加入的态度、情绪也会影响信息接收者对信息的接受程度。意见领袖客观描述旅游产品信息属于客观型信息表达,而加入自己的主观态度之后便属于意向型表达(情绪型表达)。[64]

随着直播、Vlog等形式的逐渐普及,潜在旅游者在接收旅游产品或服务信息时,会直观感受到微博意见领袖推荐信息时所代入的自己的态度、情绪等,这些实时展现、变化的情绪会影响潜在旅游者的感知有用性、信任等,影响旅游者的决策行为。综合上述研究,本研究提出以下假设:

H6a:微博意见领袖推荐信息的表达方式对信任有正向影响作用

H6b:微博意见领袖推荐信息的表达方式对感知有用性有正向影响作用

H6c:微博意见领袖推荐信息的表达方式对旅游者目的地决策有正向影响作用

七、信任、感知有用性的中介效应

1. 信任的中介效应

许多学者研究证明了信任会正面影响旅游者的决策行为。学者王美芳[71]（2012）通过实证研究发现，用户对互联网网站的信任正向影响其旅游决策行为；陈黄亦锌等（2020）城市居民对信息来源的信任越高，越容易接收信息，帮助自己做出旅游决策。[72]

推荐信息全面细致、表现形式多样，符合潜在旅游者旅行需求，会促进旅游者产生更多的信任，形成积极的购买意愿。综合上述研究，本研究提出以下假设：

H7a：信任对旅游者目的地决策有正向影响作用

H7b：信任在微博意见领袖推荐信息量化程度与旅游者目的地决策的关系中起中介作用

H7c：信任在微博意见领袖推荐信息的信息质量与旅游者目的地决策的关系中起中介作用

H7d：信任在微博意见领袖推荐信息的时效性与旅游者目的地决策的关系中起中介作用

H7e：信任在微博意见领袖推荐信息的互动性与旅游者目的地决策的关系中起中介作用

H7f：信任在微博意见领袖推荐信息的呈现形式与旅游者目的地决策的关系中起中介作用

H7g：信任在微博意见领袖推荐信息的表达方式与旅游者目的地决策的关系中起中介作用

2.感知有用性的中介效应

感知有用性是影响用户决定采用或拒绝一项技术的重要预测因素[73],潜在旅游者对意见领袖推荐信息的感知有用性则决定其是否接受信息,并为决策行为提供参考;更为专业、全面、多样化呈现的信息更容易被顾客感知到信息的有用性,从而影响决策行为。

闫强等[74](2013)通过分析研究豆瓣影评,发现用户在线评论的内容长度及强烈情绪色彩正向影响用户对影评的感知有用性;王长征等(2015)用户追加评论之后,追加评论与之前已有评论的一致性与否对其他用户的感知有用性有影响,其中前后矛盾的评论更容易吸引用户关注,在其他用户看来,与初次评论相比,追加之后的评论更为可靠、信息质量更高,从而感知有用性更高[75]。因此,本研究提出以下假设:

H8a:感知有用性对旅游者目的地决策有正向影响作用

H8b:感知有用性在微博意见领袖推荐信息的量化程度与旅游者目的地决策的关系中起中介作用

H8c:感知有用性在微博意见领袖推荐信息的信息质量与旅游者目的地决策的关系中起中介作用

H8d:感知有用性在微博意见领袖推荐信息的时效性与旅游者目的地决策的关系中起中介作用

H8e:感知有用性在微博意见领袖推荐信息的互动性与旅游者目的地决策的关系中起中介作用

H8f:感知有用性在微博意见领袖推荐信息的呈现形式与旅游者目的地决策的关系中起中介作用

H8g:感知有用性在微博意见领袖推荐信息的表达方式与旅游者目的地决策的关系中起中介作用

3. 信任、感知有用性的链式中介效应

网络上的信息纷繁复杂，良莠不齐，使得消费者难以轻易产生信任感。旅游者接收自己比较信任的意见领袖推荐信息时，更容易感知该产品或服务的价值程度，感知到对自己有帮助之后便会促进其决策行为的产生。部分学者将信任与感知价值作为双中介，研究变量对旅游决策、消费者态度及意愿等的影响。[76]王祎[77]（2020）、林婷婷[78]（2021）等学者通过实证研究发现游客或用户的信任会影响其感知价值，信任、感知价值在口碑、电商直播的属性与旅游意向、购买意愿的关系中存在链式中介关系。信任会通过影响感知价值从而对消费者购买意愿、旅游意向及决策行为等产生影响。结合上述研究，本研究提出以下假设：

H9a：旅游者对微博意见领袖推荐信息的信任对感知有用性有正向影响作用

H9b：信任、感知有用性在推荐信息的量化程度与旅游者目的地决策之间起链式中介作用

H9c：信任、感知有用性在推荐信息的信息质量与旅游者目的地决策之间起链式中介作用

H9d：信任、感知有用性在推荐信息量的时效性与旅游者目的地决策之间起链式中介作用

H9e：信任、感知有用性在推荐信息的互动性与旅游者目的地决策之间起链式中介作用

H9f：信任、感知有用性在推荐信息的呈现形式与旅游者目的地决策之间起链式中介作用

H9g：信任、感知有用性在推荐信息的表达方式与旅游者目的地决策之间起链式中介作用

第二节 模型构建

根据对意见领袖特征、意见领袖信息表达方式、旅游者目的地决策、信任，以及感知有用性等相关文献的综述，梳理出以下研究思路：

学者们以往研究中大都从其个体特征、推荐信息特征两方面出发研究微博意见领袖推荐信息对旅游者产品购买意愿、目的地决策的影响，个体特征研究已较为完善，信息特质方面主要包括信息质量与视觉线索两点。研究通过 LDA 主题分析挖掘出新的特质：推荐信息量化程度、互动性、信息表达方式等，探索其对旅游者目的地决策的影响。

另外，结合文献梳理及信息采纳模型，研究选取信任、感知有用性为中介变量，探索旅游者对于微博意见领袖推荐信息的信任及感知有用性对其旅游者目的地决策的影响。

综合以上思路，本研究提出微博意见领袖对旅游者目的地决策影响的理论模型，构建理论模型如图 6-1 所示。

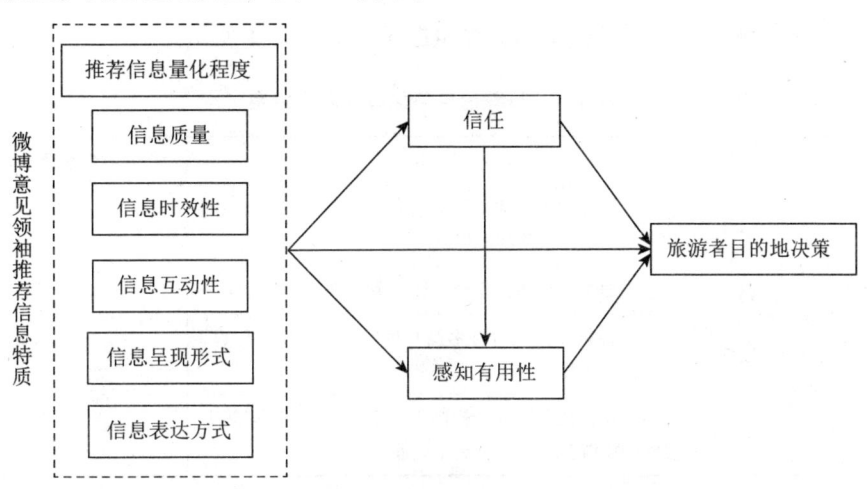

图 6-1 微博意见领袖推荐信息对旅游者目的地决策影响的理论模型

第三节 研究变量的测量

本研究的测量变量包括了微博意见领袖推荐信息的六个特征：推荐信息量化程度、信息质量、信息时效性、信息互动性、信息呈现形式与信息表达方式，感知有用性、信任，以及旅游者目的地决策。

一、推荐信息量化程度

推荐信息量化程度指的是被推荐内容的转发数、点赞数、评论数等综合程度。[79]针对推荐信息量化程度的测量，主要从是否具有较高的点赞评论数据，可以第一时间吸引潜在旅游者，以及一段时间内浏览多篇类似推荐内容，从而对该旅游产品或服务感兴趣两个方面进行测量。在此基础上，本研究借鉴龚诗阳等[80]（2012）对于网络口碑量化程度的研究，学者汪玥[81]（2019）在研究中对于推荐信息量化程度的测量量表，对微博意见领袖推荐信息的量化程度进行测量，一共设置了四个测量题项，如表6-1所示。

表6-1 推荐信息量化程度测量量表

变量	编号	题项	参考来源
推荐信息量化程度	LH1	意见领袖发布旅游博文信息的评价、讨论超过其他同类产品的信息会使我产生兴趣	龚诗阳等（2012）汪玥（2019）
	LH2	我会更加关注点赞、评论、分享多的博主推荐信息	
	LH3	如果在该时间段内看过多篇与推荐内容类似的信息，我会额外关注	
	LH4	微博意见领袖发布的视频进入热榜，会使我对视频中提到的旅游产品等信息更感兴趣	

二、信息质量

信息质量包括对旅游产品或服务描述的准确性、完整性与趣味性等，针对信息质量的测量已有研究大多通过这几个特点衡量。研究参考了董玉[82]（2011）、周飞等[83]（2015）学者开发的量表，从以下四个角度测量，设置题项如表6-2所示。

表6-2 信息质量测量量表

变量	编号	题项	参考来源
信息质量	ZL1	我认为微博意见领袖发布的旅游博文信息是全面的	董玉（2011）周飞等（2015）
	ZL2	我认为微博意见领袖发布的旅游博文信息是专业的	
	ZL3	我认为微博意见领袖发布的旅游博文信息是清楚易懂的	
	ZL4	我认为微博意见领袖推荐的信息生动有趣	

三、信息时效性

信息时效性指的是微博意见领袖推荐信息的频率、是否结合时事热点、引领旅游领域最新动态等。主要参考Wixom和Todd[84]（2005）对时效性的测量，从"信息的内容是否及时""信息更新频率是否够快""信息是否先于他人"三个方面进行测量；设置三个题项如表6-3所示。

表6-3 信息时效性测量量表

变量	编号	题项	参考来源
信息时效性	SX1	微博意见领袖发布的旅游博文信息及时，可以结合当下大家关注的热点进行旅游内容推荐	Barbara H Wixom，Peter A Todd（2005）
	SX2	微博意见领袖能够保持较快的旅游博文更新频率	
	SX3	微博意见领袖发布的旅游博文信息常常先于他人	

四、信息互动性

信息互动性指的是微博意见领袖推荐信息过程中采用提问、@、加话题 tag、超话等方式，进行与旅游者或潜在旅游者进行双向信息互动的程度；也包括用户在微博意见领袖推荐信息之后进行评论类型的用户之间的互动。

学者们大多将信息互动分为人际互动与信息互动，学者钟承静[85]（2011）从信息响应性即用户在虚拟社区进行讨论时的回应速度，可以获得其他成员的积极回应对信息互动进行测量；贾楠[86]（2014）从娱乐性、选择性等角度对信息互动进行测量。研究对微博意见领袖推荐信息爬取数据进行分析，在此基础上结合以往学者们的研究共设置四个测量题项，如表6-4所示。

表6-4 信息互动性测量量表

变量	编号	题项	参考来源
信息互动性	HD1	微博意见领袖推荐信息时附加话题 tag 或在超话社区发表，有助于我快速进入相关话题下与大家互动	Doolin B，Burgess L，Cooper J[87]（2002）钟承静（2011）
	HD2	微博意见领袖推荐信息时会@用户，与他人互动	
	HD3	微博意见领袖有时通过抽奖、发放优惠券等奖励性活动推荐信息，增强用户与意见领袖之间的互动性	
	HD4	我会和其他用户讨论微博意见领袖推荐的信息	

五、信息呈现形式

信息呈现形式主要指微博意见领袖发布与旅游目的地、旅游产品或服务相关内容时所使用的方式，包括纯文字、图片、视频等形式。研究借鉴了梦非[88]（2012）、吕兴洋等[89]（2015）等学者开发的视觉线索测量量表，并结合研究需要设置题项，如表6-5所示。

表 6-5 信息呈现形式测量量表

变量	编号	题项	参考来源
信息呈现形式	CX1	微博意见领袖发布的旅游博文信息有详细、生动的文字说明	梦非（2012）吕兴洋（2015）
	CX2	微博意见领袖发布的旅游博文信息配有恰当的图片	
	CX3	微博意见领袖发布的旅游博文信息有直观、真实的视频介绍，如短视频、Vlog 等	

六、信息表达方式

意见领袖信息表达方式是意见领袖对所接受信息的体验感受，通常伴有自身情绪。学者王慧敏[64]（2020）将信息表达方式分为客观型表达、意向型表达两个方面，并将客观型表达、意向型表达两个变量作为调节变量，以此研究意见领袖对旅游决策的影响。本研究借鉴该学者对客观型表达、意向型表达的测量量表，结合研究主题将信息表达方式这一变量作为自变量，设置以下三个测量题项，如表6-6所示。

表 6-6 信息表达方式测量量表

变量	编号	题项	参考来源
信息表达方式	BD1	微博意见领袖对其推荐的目的地（产品、服务等）基本信息可以客观、准确描述	王慧敏（2020）
	BD2	微博意见领袖在推荐信息时往往会表达自己的态度（如推荐/不要踩雷等）	
	BD3	微博意见领袖的信息表达方式是我比较喜爱的	

七、感知有用性

感知有用性是指用户所感知到的信息、系统对自己有帮助,并且可以提高效率的程度。[90]本研究感知有用性具体指潜在旅游者在浏览搜索微博意见领袖所推荐信息时感知到的信息是否对自己有用,帮助自己旅游决策行为的产生,并在一定程度上提升自己旅游出行的效率。

已有研究大多借鉴 Fred D 等[91](1989)、Ji-Won Moon、Young-Gul Kim[92](2001)等学者的感知有用性量表。本研究将感知有用性作为中介变量,从"推荐中是否还有所需信息""是否可以帮助获得更有趣、全面的信息",以及"是否提高出行效率"三个维度进行测量,具体测量量表如表6-7所示。

表6-7 感知有用性测量量表

变量	编号	题项	参考来源
感知有用性	GZ1	我可以从微博意见领袖推荐中找到我需要的信息	Fred D 等(1989) Ji-Won Moon,Young-Gul Kim(2001) 李洁[93](2014) 高静、焦勇兵[94](2016)
	GZ2	微博意见领袖推荐的信息可以让我获得更为有趣的旅游信息	
	GZ3	微博意见领袖推荐的信息提到了一些我未曾考虑到的事项,对我未来的旅行有帮助	
	GZ4	微博意见领袖可以帮助我更快地获取旅游目的地出行所需信息、提高出行效率	

八、信任

参考前人的相关研究,本研究对于信任的测量角度是潜在旅游者对微博意见领袖推荐信息的真实性、准确性、是否具有说服力等的态度。高静、焦勇兵(2016)将可信度作为中介变量,研究社会化媒体信息源对旅游者行为意图的影响。本研究借鉴以上学者的研究成果,将信任作为中介变量,从"信息是否真实""信息是否准确""信息是否具有一定说服力",以及"是否相信意见领袖本身是否真实宣传旅游产品"四个维度进行测量,设置题项如表 6-8 所示。

表 6-8 信任测量量表

变量	编号	题项	参考来源
信任	XR1	我认为微博意见领袖推荐的信息是真实的	Gefen(2000) 高静、焦勇兵(2016)
	XR2	我觉得微博意见领袖推荐的信息是准确的	
	XR3	我认为微博意见领袖推荐的内容是可信的,对我有一定说服力	
	XR4	我认为微博意见领袖不会故意宣传虚假旅游产品等信息	

九、旅游者目的地决策

针对旅游者决策的研究已较为成熟,所研究的旅游者决策主要指行前决策,如确定旅游目的地等。关于旅游者目的地决策的量表开发较为成熟,本研究主要借鉴了 Harvir S Bansal、Peter A Voyer[95](2000)、张晗[96](2018)的研究成果,设置测量量表如表 6-9 所示。

表 6-9 旅游者目的地决策测量量表

变量	编号	题项	参考来源
旅游者目的地决策	JC1	为了到微博意见领袖推荐的目的地进行旅游,我会积极进行相关咨询	Harvir S Bansal, Peter A Voyer (2000) 张晗(2018)
	JC2	我想要旅游时,会优先想到该微博意见领袖推荐的旅游目的地	
	JC3	我选择去该微博意见领袖推荐的旅游目的地旅游的可能性很大	
	JC4	在实际出游前,我会参照微博意见领袖推荐的信息	

第四节　问卷设计与预调研

一、问卷设计

在研读已有文献的基础上,围绕研究主题设计问卷,测量旅游者对微博意见领袖推荐信息的看法,通过统计分析软件分析潜在微博意见领袖推荐信息特质对旅游者目的地决策的影响机制、程度如何。具体问卷见附录,研究使用的问卷由以下三部分组成。

(1)甄选题项,主要用来判断被调查者的条件是否与本研究的需要相契合。询问被调查者是否使用新浪微博,并浏览过旅游领域意见领袖推荐的信息。

　　　是——【继续填写】　　　否——【结束问卷】

(2)具体量表,从微博意见领袖推荐信息的量化程度、质量、时效性、互动性、呈现形式、表达方式六个自变量,信任、感知有用性两个中介变量,旅游者目的地决策一个因变量角度,共提出9个变量共计33个题项。

(3)基本信息。包括性别、年龄、职业等题项,以及用户使用微博年限的微博使用情况调查。

二、预调研

为了完善问卷的整体结构,使题项之间的设计逻辑更为合理,预调研阶段通过线上问卷发放的形式,主要发放渠道为研究选取的20位微博意见领袖评论区、旅游话题超话,以及微信朋友圈。用户在浏览20位微博意见领袖发布的微博内容之后填写问卷,共收集问卷106份,将答题时间在10秒以下,

第六章 微博意见领袖推荐信息对旅游者目的地决策影响的理论模型构建

以及全部勾选同一选项的问卷设置为无效,最终剔除问卷 18 份,共得到有效问卷 88 份,有效率为 83%;之后利用 SPSSAU 系统进行信效度分析。

1. 描述性分析

对收集的问卷进行数据描述性分析,主要包括答卷者的性别、年龄、最高学历、职业、月收入,以及使用微博的年限。预调研阶段填写问卷女性较多,占比为 80.68%,之后正式发放问卷需平衡发放对象;从年龄分布可看出微博用户大多分布在 18~34 岁阶段;本科及研究生占比较高,其中本科学历水平占比最高,达到 46.59%,预调研阶段主要受访人群为学生,导致月收入这一选项 2000 元及以下占比较高,如表 6-10 所示。

表 6-10 描述性分析

名称	选项	频数	百分比(%)
您的性别	男	17	19.32
	女	71	80.68
您的年龄	18 岁以下	1	1.14
	18~24 岁	57	64.77
	25~34 岁	27	30.68
	35~44 岁	2	2.27
	45~60 岁	1	1.14
您的最高学历	高中及以下	3	3.41
	专科	5	5.68
	本科	41	46.59
	研究生及以上	39	44.32

续表

名称	选项	频数	百分比（%）
您的职业	学生	51	57.95
	公务员	1	1.14
	企事业单位人员	24	27.27
	个体户/自由职业者	5	5.68
	其他	7	7.96
您的月收入	2000元及以下	41	46.59
	2001~4000元	17	19.32
	4001~6000元	16	18.18
	6001~8000元	2	2.27
	8000元以上	12	13.64
您使用微博的年限	2年及以下	16	18.18
	2~5年	36	40.91
	5年及以上	36	40.91

2. 信度分析

利用SPSSAU对问卷涉及的33个题项总体问卷各变量进行信度分析（见表6-11、表6-12）。目前研究中大多用Cronbach α系数测量问卷的信度，且Cronbach α系数值越接近于1，说明问卷的信度越高；通常情况下Cronbach α系数值 ≥ 0.9，则说明信度高，介于0.8与0.9之间，表明问卷的信度较好；介于0.7与0.8之间，说明问卷的信度为可接收；如果系数值低于0.7，则说明问卷信度不够，需要更改某些选项。由表6-11可得出，总体测量量表的Cronbach α系数值为0.999，各变量Cronbach α系数值均在0.9以上，表明该问卷具有很高的信度，各变量测量题项内部具有一致性。

表 6-11 预调研总体测量量表的信度检验

项数	样本量	Cronbach α 系数
33	106	0.999

表 6-12 问卷各变量的 Cronbach α 系数值

变量	题项数	Cronbach α 系数
推荐信息量化程度	4	0.995
信息质量	4	0.995
信息时效性	3	0.993
信息互动性	4	0.993
信息呈现形式	3	0.995
信息表达方式	3	0.993
信任	4	0.996
感知有用性	4	0.997
旅游者目的地决策	4	0.995
总体测量量表	33	0.999

3. 效度分析

效度分析的目的也是保证问卷设计的准确性，效度越高表明问卷的质量越好。目前，检测效度通常采用 KMO（Kaiser-Meyer-Olkin）和 Bartlett 球形检验（Bartlett's Test of Sphericity）。KMO 值在 0.9 以上，表明量表效度很好；KMO 值在 0.5~0.9 之间，表示量表效度可以接受；若 KMO 值低于 0.5，则意味着问卷的效度检验不被接受，需要对问卷量表中的某些题项做出修改。

由表 6-13 可知，问卷量表 KMO 值为 0.972，Bartlett 球形检验的 p 值为 0.000＜0.05，表明问卷效度很好，可以用于正式调研阶段。

表 6-13 预调研总体量表的 KMO 和 Bartlett 球形检验

KMO 值		0.972
Bartlett 球形检验	近似卡方	12 451.833
	df	528
	p 值	0.000

复习与思考：

1. 旅游微博意见领袖信息特征有哪些？
2. 说明图 6-1 模型中中介变量"信任"和"感知有用性"的作用。
3. 说明图 6-1 模型中"信息呈现形式"和"信息表达方式"的区别。
4. 问卷调查中预调研的作用是什么？

第七章 微博意见领袖推荐信息对旅游者目的地决策影响的实证分析

第一节 正式问卷发放

本研究主要研究内容为微博意见领袖推荐信息对旅游者目的地决策的影响,在预调研之后,正式开始问卷发放调研,数据收集历时半个月,共收集问卷512份,剔除无效问卷67份,甄别标准为:问卷前甄别选项——"请问您是否使用新浪微博,并浏览过旅游领域意见领袖推荐的信息?"选择否的问卷,以及答题时间过短、所有选项都为同一答案,最终实际有效问卷为445份,有效率为86.9%。

本研究待测量变量为6个自变量、2个中介变量、1个因变量共9个变量,问卷共设计33道题项,收集有效问卷445份,满足多数学者认为结构方程模型研究对样本量的要求:收集有效样本数量大小为待测变量数量的5~10倍,因此问卷适合于之后结构方程模型的研究。

第二节 样本人口统计特征

问卷收集之后有效样本的人口统计分布表如表7-1所示，正式调研阶段，男女生样本占比较为平均；年龄分布中，18~24岁占比达41.57%，25~34岁次之，占比32.58%，说明微博用户主要以青壮年群体为主，符合社交网络年轻化趋势。学历分布中，本科学历人数达190人、研究生及以上83人，二者综合占比超过50%；职业分布状况中，企事业单位人员之后依次为公务员、个体户/自由职业者、学生；平均月收入方面6000元以下占比共达70.56%，这主要是因为研究对象为热衷于使用微博平台的人，以青壮年群体为主。

表7-1 有效样本的人口统计分布表

基本特征	选项	人数	百分比（%）
性别	男	195	43.82
	女	250	56.18
年龄	18岁以下	1	0.22
	18~24岁	185	41.57
	25~34岁	145	32.59
	35~44岁	85	19.10
	45~60岁	27	6.07
	60岁以上	2	0.45
学历	高中及以下	50	11.23
	专科	122	27.42
	本科	190	42.70
	研究生及以上	83	18.65

续表

基本特征	选项	人数	百分比（%）
职业	学生	77	17.30
	公务员	105	23.60
	企事业单位人员	172	38.65
	个体户/自由职业者	82	18.43
	其他	9	2.02
月收入	2000元及以下	64	14.38
	2001~4000元	128	28.76
	4001~6000元	122	27.42
	6001~8000元	91	20.45
	8000元以上	40	8.99

表7-2中为与微博意见领袖推荐信息相关的问题。可以看出，使用微博年限在2年以下及2~5年的用户相对较多，总占比为71.91%。此外，对于"您曾经因为看到某一微博意见领袖推荐的旅游相关产品或服务等相关信息，而产生了搜索、分享或购买的意愿"题项，有73.93%的受访者选择了"是"，说明微博意见领袖推荐旅游产品或服务的相关信息对旅游者目的地决策是有一定影响作用的。

表7-2 微博相关问题及占比

问题	选项	样本数	百分比（%）
您使用微博的年限	2年以下	162	36.40
	2~5年	158	35.51
	5年以上	125	28.09
您曾经因为看到某一微博意见领袖推荐的旅游相关产品或服务等相关信息，而产生了搜索、分享或购买的意愿	是	329	73.93
	否	116	26.07

第三节 因子分析

一、信度分析

正式调研阶段，在进行结构方程模型分析之前，SPSSAU 在线系统对问卷进行信度检验。目前研究中大多用 Cronbach α 系数测量问卷的信度，且 Cronbach α 系数值越接近 1，说明问卷的信度越高；通常情况下 Cronbach α 系数值 ≥ 0.9，则说明信度高，介于 0.8 与 0.9 之间，表明问卷的信度较好；介于 0.7 与 0.8 之间，说明问卷的信度为可接收；如果系数值低于 0.7，则说明问卷信度不够，需要更改某些选项。

由表 7-3、表 7-4 可得出，总体测量量表的 Cronbach α 系数值为 0.964，信息时效性与信息表达方式变量部分的量表 Cronbach α 系数值介于 0.7 与 0.8 之间，表明该部分问卷可信度为可接收，其余变量量表系数值均高于 0.8，说明问卷效度为可接收，各变量测量题项内部具有一致性。

表 7-3 问卷总体信度检验结果

项数	样本量	Cronbach α 系数值
33	445	0.964

表 7-4 问卷各变量的 Cronbach α 系数值

变量名词	编号	项已删除的 α 系数值	各变量的 Cronbach α 系数值
推荐信息量化程度	LH1	0.788	0.837
	LH2	0.777	
	LH3	0.816	
	LH4	0.791	

续表

变量名词	编号	项已删除的 α 系数值	各变量的 Cronbach α 系数值
信息质量	ZL1	0.764	0.812
	ZL2	0.737	
	ZL3	0.784	
	ZL4	0.767	
信息时效性	SX1	0.675	0.769
	SX2	0.677	
	SX3	0.715	
信息互动性	HD1	0.788	0.826
	HD2	0.750	
	HD3	0.793	
	HD4	0.789	
信息呈现形式	CX1	0.740	0.814
	CX2	0.738	
	CX3	0.755	
信息表达方式	BD1	0.680	0.762
	BD2	0.680	
	BD3	0.685	
信任	XR1	0.816	0.856
	XR2	0.794	
	XR3	0.845	
	XR4	0.811	
感知有用性	GZ1	0.785	0.829
	GZ2	0.759	
	GZ3	0.800	
	GZ4	0.789	

续表

变量名词	编号	项已删除的 α 系数值	各变量的 Cronbach α 系数值
旅游目的地决策	JC1	0.819	0.855
	JC2	0.806	
	JC3	0.818	
	JC4	0.821	

二、探索性因子分析

首先，对整个量表的内容效度进行检验，KMO 检验用于检查变量间相关性和偏相关性，取值范围为 0~1，值越接近 1，越适合做因子分析。Bartlett 球形检验用于检验各变量间的相关性，即变量间的独立情况。检验结果显著（$p < 0.05$）表明变量间具有相关性，因子分析效果更好。

若 KMO 值高于 0.8，则说明研究数据非常适合提取信息（从侧面反映出效度很好）；介于 0.7~0.8，则说明研究数据适合提取信息（从侧面反映出效度较好）；介于 0.6~0.7，则说明研究数据比较适合提取信息（从侧面反映出效度一般）；如果此值小于 0.6，说明数据不适合提取信息（从侧面反映出效度差）。

由表 7-5 可以看出，总体量表 KMO 值为 0.969，Bartlett 球形检验统计值显著性 p 值为 0.000，表明该问卷量表适合做因子分析。

表 7-5 总体量表的 KMO 和 Bartlett 球形检验

KMO 取样适切性量数		0.969
Bartlett 球形检验	近似卡方	8650.147
	df	528
	p	0.000

第七章 微博意见领袖推荐信息对旅游者目的地决策影响的实证分析

接下来对自变量的六个变量（推荐信息量化程度、信息质量、信息时效性、信息互动性、信息呈现形式和信息表达方式）、中介变量（信任、感知有用性）和因变量（旅游者目的地决策）分别进行效度分析，结果如表7-6所示。可以看出，信息质量、信任和旅游目的地决策的KMO值＞0.8，说明效度很好；推荐信息量化程度、信息互动性、信息呈现形式和感知有用性变量KMO值介于0.7~0.8，说明效度较好；信息时效性和信息表达方式KMO值均为0.697，说明效度一般。且Bartlett的球形检验结果均为0.000＜0.001，说明问卷数据之间具有显著差异，所设置题项适合做因子分析。

表7-6 总样本分量表KMO和Bartlett球形检验

变量名称		KMO值	Bartlett检验		
			近似卡方	df	p值
自变量	推荐信息量化程度	0.790	691.434	6	0.000
	信息质量	0.801	568.215	6	0.000
	信息时效性	0.697	344.600	3	0.000
	信息互动性	0.776	645.158	6	0.000
	信息呈现形式	0.717	453.243	3	0.000
	信息表达方式	0.697	330.829	3	0.000
中介变量	信任	0.811	788.474	6	0.000
	感知有用性	0.766	553.775	6	0.000
因变量	旅游者目的地决策	0.818	761.651	6	0.000

对样本数据进行探索性因子分析，采用因子分析法固定提取量表中的9个因子，其方差贡献率之和为69.713%，共解释了原有变量的69.713%，表明研究项的信息量可以有效提取。

因子载荷系数可以用来衡量因子（维度）和题项对应关系，系数绝对值大于0.4时，说明选项和因子有对应关系；信息质量中题项ZL1："我认为微博意见领袖发布的旅游博文信息是全面的"因子载荷系数为0.375＜0.4，不能很好地提取信息，因此剔除该题项；信息质量中题项 ZL2 因子载荷系数为 0.472，其余变量因子载荷系数均 > 0.5，可以很好地提取信息，因子分析效果较好（见表 7-7）。

表 7-7 问卷量表的探索性因子分析

维度	题项	因子载荷	特征值	方差贡献率（%）
推荐信息量化程度	LH1	0.576	2.695	8.165
	LH2	0.659		
	LH3	0.711		
	LH4	0.636		
信息质量	ZL1	0.375	1.860	5.635
	ZL2	0.472		
	ZL3	0.597		
	ZL4	0.588		
信息时效性	SX1	0.604	2.076	6.291
	SX2	0.664		
	SX3	0.543		
信息互动性	HD1	0.550	2.592	7.854
	HD2	0.633		
	HD3	0.579		
	HD4	0.719		
信息呈现形式	CX1	0.710	2.440	7.394
	CX2	0.707		
	CX3	0.728		
信息表达方式	BD1	0.564	2.212	6.704
	BD2	0.694		
	BD3	0.691		

续表

维度	题项	因子载荷	特征值	方差贡献率（%）
信任	XR1	0.658	3.600	10.908
	XR2	0.703		
	XR3	0.510		
	XR4	0.741		
感知有用性	GZ1	0.512	2.443	7.404
	GZ2	0.543		
	GZ3	0.624		
	GZ4	0.701		
旅游者目的地决策	JC1	0.684	3.088	9.358
	JC2	0.611		
	JC3	0.692		
	JC4	0.746		

三、验证性因子分析

通过探索性因子分析，说明问卷量表研究项信息可以被很好地提取，在此基础上需要对问卷进行验证性因子分析，检验问卷的聚合效度、区别效度。

1. 聚合效度分析

聚合效度主要用来检测本该在同一因子下的测量项确实聚合于同一因子下，即具有相同的潜在特质的测量项最终归于同一个因子下。主要通过AVE值和CR指标来分析验证，一般情况下，AVE（平均萃取方差）值>0.5；CR（组合信度）值>0.7；另外，标准化因子载荷系数值需要大于0.5，且须达到显著水平。

由表 7-8 可知，9 个潜变量所对应题项的标准化因子载荷系数均大于 0.6，平均萃取方差均大于 0.5，组合效度均大于 0.7，表明问卷量表的聚合效度很好。

表 7-8　问卷聚合效度检验

因素	题项	标准化因子载荷	平均方差萃取 AVE 值	组合信度 CR 值
推荐信息量化程度	LH1	0.788	0.568	0.839
	LH2	0.749		
	LH3	0.679		
	LH4	0.783		
信息质量	ZL2	0.691	0.534	0.771
	ZL3	0.687		
	ZL4	0.789		
信息时效性	SX1	0.742	0.526	0.769
	SX2	0.716		
	SX3	0.718		
信息互动性	HD1	0.744	0.547	0.828
	HD2	0.801		
	HD3	0.686		
	HD4	0.716		
信息呈现形式	CX1	0.781	0.597	0.816
	CX2	0.746		
	CX3	0.786		
信息表达方式	BD1	0.725	0.518	0.763
	BD2	0.708		
	BD3	0.726		

续表

因素	题项	标准化因子载荷	平均方差萃取 AVE 值	组合信度 CR 值
信任	XR1	0.793	0.608	0.860
	XR2	0.824		
	XR3	0.777		
	XR4	0.707		
感知有用性	GZ1	0.751	0.552	0.830
	GZ2	0.807		
	GZ3	0.705		
	GZ4	0.694		
旅游者目的地决策	JC1	0.764	0.599	0.856
	JC2	0.738		
	JC3	0.754		
	JC4	0.829		

2. 区分效度分析

区分效度方面一般通过 AVE 值与相关分析的结果进行对比，潜变量间相关系数的值小于 AVE 值时，说明模型区别效度较好。

当各潜变量间的相关系数小于平均萃取方差 AVE 的平方根时，表明模型具有良好的区别效度。由表 7-9 可知，在本研究中，各潜变量间的相关系数均小于各潜变量的 AVE 值的平均根，说明问卷具有好的区别效度。

表7-9 区分效度：Pearson相关与AVE平方根值

	推荐信息量化程度	信息质量	信息时效性	信息互动性	信息呈现形式	信息表达方式	信任	感知有用性	旅游者目的地决策
推荐信息量化程度	0.754								
信息质量	0.662	0.731							
信息时效性	0.628	0.649	0.725						
信息互动性	0.697	0.675	0.680	0.740					
信息呈现形式	0.607	0.593	0.639	0.613	0.773				
信息表达方式	0.626	0.648	0.594	0.598	0.589	0.720			
信任	0.650	0.669	0.661	0.661	0.547	0.614	0.780		
感知有用性	0.680	0.663	0.670	0.692	0.631	0.602	0.661	0.743	
旅游者目的地决策	0.650	0.626	0.636	0.639	0.591	0.566	0.686	0.689	0.774

注：斜对角线数值为AVE平方根值。

第四节 相关性分析

本研究采用皮尔森（Pearson）相关系数来分析变量之间的相关程度，相关系数的绝对值处于0与1之间，越接近于0说明相关性越弱，反之越强。由表7-10可见，可以看出在$p<0.01$的水平上，推荐信息量化程度、信息质量、信息时效性、信息互动性、信息呈现形式、信息表达方式、信任、感知有用性和旅游者目的地决策呈显著正相关；变量之间的相关性系数均小于0.8，问卷量表的一致性较高。

表 7-10 模型变量的相关性分析

	推荐信息量化程度	信息质量	信息时效性	信息互动性	信息呈现形式	信息表达方式	信任	感知有用性	旅游者目的地决策
推荐信息量化程度	1								
信息质量	0.662**	1							
信息时效性	0.628**	0.649**	1						
信息互动性	0.697**	0.675**	0.680**	1					
信息呈现形式	0.607**	0.593**	0.639**	0.613**	1				
信息表达方式	0.626**	0.648**	0.594**	0.598**	0.589**	1			
信任	0.650**	0.669**	0.661**	0.661**	0.547**	0.614**	1		
感知有用性	0.680**	0.663**	0.670**	0.692**	0.631**	0.602**	0.661**	1	
旅游者目的地决策	0.650**	0.626**	0.636**	0.639**	0.591**	0.566**	0.686**	0.689**	1

第五节 假设检验

一、结构变量之间路径分析

在 Amos 26.0 中构建本研究的初步模型，共包含推荐信息量化程度、信息质量、信息时效性、信息互动性、信息呈现形式、信息表达方式、信任、感知有用性、旅游者目的地决策 9 个潜在变量，LH1、LH2、LH3……JC1、JC2、JC3、JC4 等 32 个观察变量，潜在变量与其观察变量间均保证至少有一条路径系数设定为 1，将误差变量与观察变量之间的路径系数设定为 1，初步的研究模型如图 7-1 所示。本研究主要从结构变量之间的关系进行研究。

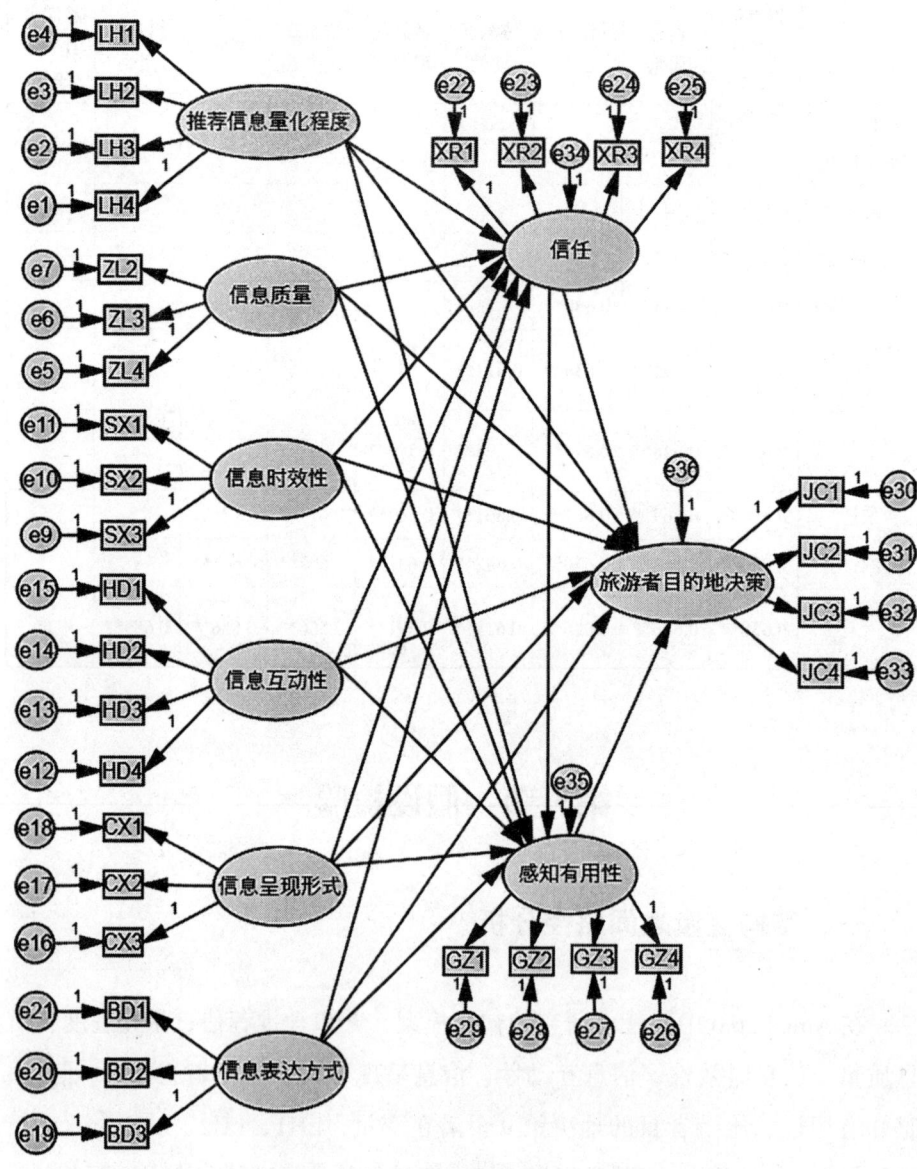

图 7-1　方程模型图

二、模型拟合

本研究将 445 份调查问卷的数据导入模型对应的观测变量中对初始模型进行相应分析。对结构方程模型进行验证参照以往学者主要使用的指标数据，具体模型拟合指标及标准如表 7-11 所示。

表 7-11　模型拟合指标及标准

指标	评价标准		本模型值
	可以接受	好	
规范卡方（χ^2/df）	＜5	＜3	-
拟合优度指标（GFI）	0.7~0.9	＞0.9	1.000
修正拟合优度指标（AGFI）	0.7~0.9	＞0.9	Null
近似误差均方根（RMSEA）	＜0.1	＜0.08	0.000
比较适合度（CFI）	0.7~0.9	＞0.9	1.000
标准拟合指数（NFI）	0.7~0.9	＞0.9	1.000
递增拟合指数（IFI）	0.7~0.9	＞0.9	1.000

从初始模型路径回归系数的结果及 p 值来看（见表 7-12），微博意见领袖推荐信息量化程度、信息质量、信息时效性、信息互动性和信息表达方式与中介变量信任在显著水平 0.01 上存在显著性关系；信息呈现形式对于信任影响时，此路径并没有呈现出显著性（z=-0.336，p=0.744＞0.05），因而说明信息呈现形式对信任并不会产生影响关系。

推荐信息量化程度、信息质量、信息时效性、信息互动性和信息呈现形式与中介变量感知有用性在显著水平 0.01 上存在显著性关系；信息表达方式对于感知有用性影响时，此路径并没有呈现出显著性（z=1.193，p=0.233＞0.05），因而说明信息表达方式对感知有用性并不会产生影响关系。

在分析各自变量与因变量旅游目的地决策之间的关系时，只有推荐信息量化程度和信息呈现形式与旅游目的地决策在显著性水平 0.05 上达到显著；而信息质量（z=0.641，p=0.522＞0.05）、信息时效性（z=1.901，p=0.057＞0.05）、信息互动性（z=1.211，p=0.226＞0.05）和信息表达方式（z=0.307，p=0.759＞0.05）则对旅游者目的地决策的直接影响并不显著，说明初始模型的这四条路径没有得到数据的有效支持。

中介变量信任与感知有用性均与因变量旅游者目的地决策之间在显著性水平 0.01 上达到显著。

表 7-12　初始模型的路径回归系数与统计性检验

潜变量路径关系			SE	z（CR 值）	p 值	标准化路径系数
信任	←	推荐信息量化程度	0.049	3.223	0.001	0.152
信任	←	信息质量	0.054	5.920	0.000	0.295
信任	←	信息时效性	0.052	4.360	0.000	0.203
信任	←	信息互动性	0.051	2.904	0.004	0.142
信任	←	信息呈现形式	0.046	-0.326	0.744	-0.014
信任	←	信息表达方式	0.048	2.883	0.004	0.125
感知有用性	←	推荐信息量化程度	0.044	3.764	0.000	0.173
感知有用性	←	信息质量	0.050	2.481	0.013	0.124
感知有用性	←	信息时效性	0.047	3.066	0.002	0.141
感知有用性	←	信息互动性	0.046	3.685	0.000	0.176
感知有用性	←	信息呈现形式	0.040	3.577	0.000	0.148
感知有用性	←	信息表达方式	0.043	1.193	0.233	0.050
感知有用性	←	信任	0.042	3.040	0.002	0.139
旅游者目的地决策	←	推荐信息量化程度	0.050	2.778	0.005	0.134
旅游者目的地决策	←	信息质量	0.056	0.641	0.522	0.033
旅游者目的地决策	←	信息时效性	0.053	1.901	0.057	0.091

续表

潜变量路径关系			SE	z（CR值）	p值	标准化路径系数
旅游者目的地决策	←	信息互动性	0.052	1.211	0.226	0.061
旅游者目的地决策	←	信息呈现形式	0.046	2.252	0.024	0.098
旅游者目的地决策	←	信息表达方式	0.048	0.307	0.759	0.013
旅游者目的地决策	←	信任	0.047	5.485	0.000	0.262
旅游者目的地决策	←	感知有用性	0.053	4.682	0.000	0.229

三、模型的修正

由表7-12可知，信息质量、信息时效性、信息互动性、信息表达方式在0.05的显著性水平下对旅游者目的地决策的影响不显著，信息呈现形式在0.05的显著性水平下对信任的影响不显著，信息表达方式在0.05的显著性水平下对感知有用性的影响不显著，且其CR的绝对值均小于1.96，所以本研究尝试对这6条路径进行删除处理，修正的模型及拟合分析结果如表7-13所示，各指标均符合其评价标准，且满足评价标准为好的数据界值，说明修正后的模型各指标都得到了优化。

表7-13 修正后的模型拟合结果

指标	评价标准		本模型值
	可以接受	好	
规范卡方（χ^2/df）	< 5	< 3	1.782
拟合优度指标（GFI）	0.7~0.9	> 0.9	0.996
修正拟合优度指标（AGFI）	0.7~0.9	> 0.9	0.969
近似误差均方根（RMSEA）	< 0.1	< 0.08	0.042
比较适合度（CFI）	0.7~0.9	> 0.9	0.998

续表

指标	评价标准		本模型值
	可以接受	好	
标准拟合指数（NFI）	0.7~0.9	>0.9	0.996
递增拟合指数（IFI）	0.7~0.9	>0.9	0.998

修正后的模型路径回归系数结果如表7-14所示，在剔除了6条不显著的路径之后，各路径系数显著性检验概率P值相对于初始模型有了不同程度的下降，且P值皆小于0.01，说明各路径系数的显著性水平都有了不同程度的提高。

表7-14 修正后模型的回归系数与统计性检验

潜变量路径关系			SE	z（CR值）	p值	标准化路径系数
信任	←	推荐信息量化程度	0.049	3.211	0.001	0.150
信任	←	信息质量	0.054	5.911	0.000	0.294
信任	←	信息时效性	0.051	4.417	0.000	0.199
信任	←	信息互动性	0.051	2.885	0.004	0.140
信任	←	信息表达方式	0.048	2.871	0.004	0.123
感知有用性	←	推荐信息量化程度	0.043	4.007	0.000	0.182
感知有用性	←	信息质量	0.049	2.806	0.005	0.137
感知有用性	←	信息时效性	0.047	3.151	0.002	0.144
感知有用性	←	信息互动性	0.046	3.726	0.000	0.178
感知有用性	←	信息呈现形式	0.040	3.840	0.000	0.157
感知有用性	←	信任	0.042	3.236	0.001	0.147
旅游者目的地决策	←	推荐信息量化程度	0.047	3.841	0.000	0.174
旅游者目的地决策	←	信息呈现形式	0.043	3.390	0.001	0.139
旅游者目的地决策	←	信任	0.043	7.301	0.000	0.316
旅游者目的地决策	←	感知有用性	0.050	5.875	0.000	0.274

四、研究假设检验

通过 Amos 26.0 对修正之后的模型输出数据,具体如表 7-15 所示。

表 7-15 模型假设检验结果

研究假设	研究结论
H1a: 微博意见领袖推荐信息的量化程度对信任有正向影响作用	支持
H1b: 微博意见领袖推荐信息的量化程度对感知有用性有正向影响作用	支持
H1c: 微博意见领袖推荐信息的量化程度对旅游者目的地决策有正向影响作用	支持
H2a: 微博意见领袖推荐信息的信息质量对信任有正向影响作用	支持
H2b: 微博意见领袖推荐信息的信息质量对感知有用性有正向影响作用	支持
H2c: 微博意见领袖推荐信息的信息质量对旅游者目的地决策有正向影响作用	不支持
H3a: 微博意见领袖推荐信息的时效性对信任有正向影响作用	支持
H3b: 微博意见领袖推荐信息的时效性对感知有用性有正向影响作用	支持
H3c: 微博意见领袖推荐信息的时效性对旅游者目的地决策有正向影响作用	不支持
H4a: 微博意见领袖推荐信息的互动性对信任有正向影响作用	支持
H4b: 微博意见领袖推荐信息的互动性对感知有用性有正向影响作用	支持
H4c: 微博意见领袖推荐信息的互动性对旅游者目的地决策有正向影响作用	不支持
H5a: 微博意见领袖推荐信息的呈现形式对信任有正向影响作用	不支持
H5b: 微博意见领袖推荐信息的呈现形式对感知有用性有正向影响作用	支持
H5c: 微博意见领袖推荐信息的呈现形式对旅游者目的地决策有正向影响作用	支持
H6a: 微博意见领袖推荐信息的表达方式对信任有正向影响作用	支持
H6b: 微博意见领袖推荐信息的表达方式对感知有用性有正向影响作用	不支持
H6c: 微博意见领袖推荐信息的表达方式对旅游者目的地决策有正向影响作用	不支持
H7a: 信任对旅游者目的地决策有正向影响作用	支持
H8a: 感知有用性对旅游者目的地决策有正向影响作用	支持
H9a: 旅游者对微博意见领袖推荐信息的信任对感知有用性有正向影响作用	支持

第六节　信任、感知可用性的中介效应分析

本研究主题是探讨微博意见领袖推荐信息特质对旅游者旅游目的地决策的影响，即微博意见领袖推荐信息量化程度、信息质量、信息时效性、信息呈现形式与信息表达方式如何作用于旅游者旅游目的地决策。信任、感知有用性作为中介变量，其中介效应是否显著仅根据路径分析无法得到有效的验证，还需要在路径分析的基础上对信任、感知有用性进行中介效应检验。

在控制性别、年龄的情况下对信任、感知有用性在微博意见领袖推荐信息特质（推荐信息量化程度、信息质量、信息时效性、信息互动性、信息呈现形式和信息表达方式）与旅游者目的地决策之间的关系中的中介效应进行检验。

使用 Bootstrap 抽样检验法进行中介效应研究，抽样次数为 5000 次，结果分别如下。

1. Model 1：信任、感知有用性在推荐信息量化程度与旅游者目的地决策之间的中介作用

由表 7-16、表 7-17 可知：直接效应的信赖区间不包括 0，信任、感知有用性做中介变量的路径间接效应不包括 0，表明该模型直接效应与间接效应同时显著，信任与感知有用性在推荐信息量化程度与旅游者目的地决策之间为部分中介。

表 7-16　Model 1 总效应、直接效应结果

效应	Effect	SE	t	p	LLCI	ULCI
总效应	0.227	0.052	4.348	0.000	0.125	0.329
直接效应	0.136	0.051	2.692	0.007	0.037	0.235

中介效应路径："推荐信息量化程度→信任→旅游者目的地决策""推荐信息量化程度→感知有用性→旅游者目的地决策"95%区间均不包括数字0，中介效应路径存在，且推荐信息量化程度通过信任的影响效应更大一些。

链式中介效应路径："推荐信息量化程度→信任→感知有用性→旅游者目的地决策"95%区间不包括数字0（95% CI：0.001~0.012），链式中介效应路径存在。

表7-17 Model 1 间接效应分析

变量关系	Effect	Boot SE	Boot LLCI	Boot ULCI	z	p
推荐信息量化程度→信任→旅游者目的地决策	0.045	0.022	0.021	0.109	2.027	0.043
推荐信息量化程度→感知有用性→旅游者目的地决策	0.040	0.017	0.006	0.071	2.411	0.016
推荐信息量化程度→信任→感知有用性→旅游者目的地决策	0.006	0.003	0.001	0.012	2.113	0.035

注：Boot LLCI指Bootstrap抽样95%区间下限，Boot ULCI指Bootstrap抽样95%区间上限。

2. Model 2：信任、感知有用性在微博意见领袖推荐信息的信息质量与旅游者目的地决策之间的中介作用

由表7-18、表7-19可知：直接效应的信赖区间包括0，信任、感知有用性做中介变量的两条路径间接效应亦不包括0，表明该模型的直接效应不显著，而间接效应显著，则该模型为完全中介模型。

表7-18 Model 2 总效应、直接效应结果

效应	Effect	SE	t	P	LLCI	ULCI
总效应	0.155	0.054	2.882	0.004	0.050	0.261
直接效应	0.064	0.052	1.236	0.217	−0.038	0.166

中介效应路径:"信息质量→信任→旅游者目的地决策"95%区间不包括数字0(95% CI:0.033~0.118),中介效应路径存在;"信息质量→感知有用性→旅游者目的地决策"95%区间包括数字0(95% CI:-0.007~0.064),中介效应路径不存在。推荐信息的信息质量通过信任对旅游者目的地决策产生影响,并不直接通过感知有用性。

链式中介效应路径:"信息质量→信任→感知有用性→旅游者目的地决策"95%区间不包括数字0(95% CI:0.001~0.021),链式中介效应路径存在。

表7-19 Model 2 间接效应分析

变量关系	Effect	Boot SE	Boot LLCI	Boot ULCI	z	p
信息质量→信任→旅游者目的地决策	0.083	0.024	0.064	0.157	3.506	0.000
信息质量→感知有用性→旅游者目的地决策	0.031	0.018	-0.007	0.064	1.659	0.097
信息质量→信任→感知有用性→旅游者目的地决策	0.010	0.005	0.001	0.021	1.997	0.046

3. Model 3:信任、感知有用性在微博意见领袖推荐信息的时效性与旅游者目的地决策之间的中介作用

由表7-20、表7-21可知:直接效应的信赖区间包括0(-0.014~0.198),信任、感知有用性做中介变量的两条路径间接效应亦不包括0,表明该模型的直接效应不显著,而间接效应显著,则该模型为完全中介模型。

表7-20 Model 3 总效应、直接效应结果

效应	Effect	SE	t	P	LLCI	ULCI
总效应	0.208	0.055	3.762	0.000	0.100	0.316
直接效应	0.092	0.054	1.710	0.088	-0.014	0.198

中介效应路径："信息时效性→信任→旅游者目的地决策""信息时效性→感知有用性→旅游者目的地决策"95%区间不包括数字0（95% CI：0.033~0.118），中介效应路径存在，且通过信任的影响更大。

链式中介效应路径："信息时效性→信任→感知有用性→旅游者目的地决策"95%区间不包括数字0（95% CI：0.001~0.017），链式中介效应路径存在。

表7-21　Model 3 间接效应分析

变量关系	Effect	Boot SE	Boot LLCI	Boot ULCI	z	p
信息时效性→信任→旅游者目的地决策	0.059	0.027	0.019	0.125	2.177	0.029
信息时效性→感知有用性→旅游者目的地决策	0.036	0.014	0.004	0.058	2.548	0.011
信息时效性→信任→感知有用性→旅游者目的地决策	0.007	0.004	0.001	0.017	1.965	0.049

4. Model 4：信任、感知有用性在微博意见领袖推荐信息的互动性与旅游者目的地决策之间的中介作用

由表7-22、表7-23可知：直接效应的信赖区间包括0，信任、感知有用性做中介变量的两条路径间接效应亦不包括0，表明该模型的直接效应不显著，而间接效应显著，则该模型为完全中介模型。

表7-22　Model 4 总效应、直接效应结果

效应	Effect	SE	t	P	LLCI	ULCI
总效应	0.148	0.054	2.732	0.007	0.042	0.255
直接效应	0.059	0.052	1.132	0.258	−0.043	0.162

中介效应路径："信息互动性→信任→旅游者目的地决策""信息互动性→感知有用性→旅游者目的地决策"95%区间不包括数字0（95% CI：

0.010~0.110），中介效应路径存在。

表 7-23　Model 4 间接效应分析

变量关系	Effect	Boot SE	Boot LLCI	Boot ULCI	z	p
信息互动性→信任→旅游者目的地决策	0.042	0.026	0.010	0.110	1.634	0.102
信息互动性→感知有用性→旅游者目的地决策	0.041	0.020	0.002	0.080	2.081	0.037
信息互动性→信任→感知有用性→旅游者目的地决策	0.005	0.003	0.000	0.013	1.649	0.099

链式中介效应路径："信息互动性→信任→感知有用性→旅游者目的地决策"，从这条中介路径来看，95%区间并不包括数字0（95% CI：0.000~0.013），链式中介效应路径存在。

5. Model 5：信任、感知有用性在微博意见领袖推荐信息的呈现形式与旅游者目的地决策之间的中介作用

由表 7-24、表 7-25 可知：直接效应的信赖区间不包括0，信任、感知有用性做中介变量的两条路径间接效应亦不包括0，表明该模型的直接效应、间接效应同时显著，则该模型为部分中介模型。

表 7-24　Model 5 总效应、直接效应结果

效应	Effect	SE	t	p	LLCI	ULCI
总效应	0.136	0.049	2.796	0.005	0.041	0.232
直接效应	0.102	0.047	2.193	0.029	0.011	0.193

中介效应路径："信息呈现形式→信任→旅游者目的地决策"95%区间包括数字0（95% CI：-0.042~0.042），中介效应路径不存在；"信息呈现形式→感知有用性→旅游者目的地决策"95%区间不包括数字0（95% CI：

0.007~0.059），中介效应路径存在。

链式中介效应路径："信息呈现形式→信任→感知有用性→旅游者目的地决策"中介路径，95%区间包括数字0（95% CI：-0.004~0.004），链式中介效应路径不存在。

表 7-25　Model 5 间接效应分析

变量关系	Effect	Boot SE	Boot LLCI	Boot ULCI	z	p
信息呈现形式→信任→旅游者目的地决策	0.000	0.022	-0.042	0.042	0.003	0.997
信息呈现形式→感知有用性→旅游者目的地决策	0.034	0.013	0.007	0.059	2.632	0.008
信息呈现形式→信任→感知有用性→旅游者目的地决策	0.000	0.002	-0.004	0.004	0.005	0.996

6. Model 6：信任、感知有用性在微博意见领袖推荐信息的表达方式与旅游者目的地决策之间的中介作用

由表 7-26、表 7-27 可知：直接效应的信赖区间包括 0，表明该模型的直接效应不显著；信任做中介变量的路径信赖区间不包括 0，说明为部分中介模型，感知有用性做中介变量的路径信赖区间包括 0，中介效应不显著。

表 7-26　Model 6 总效应、直接效应结果

效应	Effect	SE	t	p	LLCI	ULCI
总效应	0.069	0.051	1.341	0.181	-0.032	0.169
直接效应	0.007	0.049	0.137	0.891	-0.089	0.102

中介效应路径："信息表达方式→信任→旅游者目的地决策"95%区间不包括数字0（95% CI：0.018~0.100），中介效应路径存在；"信息表达方式→感知有用性→旅游者目的地决策"95%区间包括数字0（95% CI：

-0.016~0.040），中介效应路径不存在。

链式中介效应路径："信息表达方式→信任→感知有用性→旅游者目的地决策"，从这条中介路径来看，95%区间不包括数字0（95% CI：0.001~0.011），链式中介效应路径存在。

表7-27 Model 6 间接效应分析

变量关系	Effect	Boot SE	Boot LLCI	Boot ULCI	z	p
信息表达方式→信任→旅游者目的地决策	0.045	0.021	0.018	0.100	2.169	0.030
信息表达方式→感知有用性→旅游者目的地决策	0.011	0.014	-0.016	0.040	0.793	0.428
信息表达方式→信任→感知有用性→旅游者目的地决策	0.006	0.003	0.001	0.011	2.188	0.029

由以上分析，对信任、感知有用性的中介作用相关假设检验结果如表7-28所示。

表7-28 模型假设检验结果

研究假设	研究结论
H7b：信任在微博意见领袖推荐信息的量化程度与旅游者目的地决策的关系中起中介作用	支持
H7c：信任在微博意见领袖推荐信息的信息质量与旅游者目的地决策的关系中起中介作用	支持
H7d：信任在微博意见领袖推荐信息的时效性与旅游者目的地决策的关系中起中介作用	支持
H7e：信任在微博意见领袖推荐信息的互动性与旅游者目的地决策的关系中起中介作用	支持
H7f：信任在微博意见领袖推荐信息的呈现形式与旅游者目的地决策的关系中起中介作用	不支持
H7g：信任在微博意见领袖推荐信息的表达方式与旅游者目的地决策的关系中起中介作用	支持

续表

研究假设	研究结论
H8b：感知有用性在微博意见领袖推荐信息的量化程度与旅游者目的地决策的关系中起中介作用	支持
H8c：感知有用性在微博意见领袖推荐信息的信息质量与旅游者目的地决策的关系中起中介作用	支持
H8d：感知有用性在微博意见领袖推荐信息的时效性与旅游者目的地决策的关系中起中介作用	支持
H8e：感知有用性在微博意见领袖推荐信息的互动性与旅游者目的地决策的关系中起中介作用	支持
H8f：感知有用性在微博意见领袖推荐信息的呈现形式与旅游者目的地决策的关系中起中介作用	支持
H8g：感知有用性在微博意见领袖推荐信息的表达方式与旅游者目的地决策的关系中起中介作用	不支持
H9b：信任、感知有用性在推荐信息的量化程度与旅游者目的地决策之间起链式中介作用	支持
H9c：信任、感知有用性在推荐信息的信息质量与旅游者目的地决策之间起链式中介作用	支持
H9d：信任、感知有用性在推荐信息的时效性与旅游者目的地决策之间起链式中介作用	支持
H9e：信任、感知有用性在推荐信息的互动性与旅游者目的地决策之间起链式中介作用	支持
H9f：信任、感知有用性在推荐信息的呈现形式与旅游者目的地决策之间起链式中介作用	不支持
H9g：信任、感知有用性在推荐信息的表达方式与旅游目的地决策之间起链式中介作用	支持

第七节　研究结果分析

利用SPSSAU在线系统对本研究构建的模型进行相应的验证性因子分析、

模型拟合分析、路径分析、中介效应分析后，发现修正后的模型与调研数据之间存在较好的拟合优度，本研究提出的39条假设中有30条假设都得到了有效验证，其中微博意见领袖推荐信息的信息质量、信息表达方式对旅游者目的地决策的直接影响不显著，经由中介变量信任对旅游者目的地决策产生影响；信息时效性、信息互动性对旅游目的地决策的直接影响不显著，经由信任、感知有用性对旅游目的地决策产生影响。

信息质量（0.294）、信息时效性（0.199）、推荐信息量化程度（0.15）、信息互动性（0.14）、信息表达方式（0.123）对信任的影响依次减弱；在对感知有用性的影响中，推荐信息量化程度（0.182）、信息互动性（0.178）、信息呈现形式（0.157）、信息时效性（0.144）、信息质量（0.137）影响程度依次减弱。

一、微博意见领袖推荐信息特性对旅游者目的地决策的影响

1. 推荐信息量化程度

微博意见领袖推荐信息量化程度对旅游目的地决策有直接影响，亦可通过信任、感知有用性分别对旅游者目的地决策产生影响。推荐信息量化程度对感知有用性的影响更大，路径系数为0.182，对旅游目的地决策的直接影响路径系数为0.174，说明经过感知有用性的中介作用，推荐信息量化程度对旅游消费者的决策行为可以产生相对更大的影响。微博意见领袖传递信息的点赞、评论、转发等数量越多，可以带给潜在旅游者越直观的感触，从而对推荐信息潜在信任及感知有用性会相对较高。所以，微博意见领袖推荐信息量化程度越高，越能通过信任、感知有用性的作用影响到旅游者的目的地决策行为。

2. 信息质量

微博意见领袖推荐信息的信息质量对旅游者的信任、感知有用性都具有显著影响。其中，信息质量对旅游者信任的影响路径系数为 0.294，对感知有用性的影响路径系数为 0.137。信息质量对旅游者目的地决策的直接影响不显著，但通过信任、感知有用性的中介作用可以对旅游者目的地决策产生影响。

3. 信息时效性

微博意见领袖推荐信息的时效性对旅游者目的地决策没有显著影响，但对信任与感知有用性都有显著影响。其中，信息时效性对信任、感知有用性的影响路径系数分别为 0.199、0.144，对信任的影响更大。微博意见领袖在社交平台更新信息速度越快，越容易引起微博用户的信任，同时，微博用户对信息的感知有用性越强，越信任意见领袖、觉得其推荐的信息有用，可以提升自己获取信息的效率，最终促进微博用户旅游决策行为的产生。

4. 信息互动性

微博意见领袖推荐信息的互动性对旅游者目的地决策没有显著影响，对信任与感知有用性有显著影响。其中，信息互动性对信任、感知有用性的影响路径系数分别为 0.140、0.178，均在 0.001 的水平上显著，对感知有用性的影响更强。微博意见领袖通过 @、超话、评论区、直播等互动形式回答用户的问题、输出自己的看法与观点，会给用户提供更多旅游产品相关信息、解除其心中困惑，使用户更易采纳推荐的信息；高互动也会帮助用户更信任自己，从而成为自己的黏性粉丝，对其决策行为产生影响；此外，微博意见领袖举行抽奖、发红包等形式的互动，在一定程度上给予关注自己的人福利，也会加强粉丝黏度，对其决策行为产生影响。

5. 信息呈现形式

微博意见领袖推荐信息的信息呈现形式对旅游者目的地决策感知有用性具有显著影响，对信任并无显著影响。其中，信息呈现形式对旅游者目的地决策、感知有用性的影响路径系数分别为0.139、0.157，对感知有用性的影响更大。感知有用性是指旅游者在浏览意见领袖推荐的内容时，所感受到的是否对自己有帮助、是否可以提高自己决策的效率。由研究结果可知，丰富的图片、视频可以帮助旅游者对意见领袖所推荐的产品或服务有更为迅速、全面的了解，图文结合、视频或直播等形式相比纯文字更为全面生动，会促使潜在旅游者提高决策效率。

微博意见领袖丰富多样的旅游信息呈现形式比单一的旅游信息呈现形式更能对旅游者目的地决策产生影响。

6. 信息表达方式

信息表达方式只对信任有显著影响，影响路径系数为0.123，在0.01的水平上显著，对感知有用性、旅游者目的地决策并无显著影响。信息表达方式指微博意见领袖在推荐信息时是否可以客观地描述旅游产品或服务等相关信息，表达自己的态度或看法时用户对其情绪的感知等。信息表达方式对感知有用性、旅游目的地决策无显著影响，说明在微博意见领袖推荐信息时，一些自身情绪的注入并不会直接影响潜在旅游者对信息的感知有用以及促进决策行为的产生。微博意见领袖情绪的注入，会在一定程度上增强用户的信任，从而通过信任的中介作用对旅游者目的地决策行为产生影响。

二、信任、感知有用性对旅游者目的地决策的影响

根据表7-14路径分析的结果来看，信任（0.316）与感知有用性（0.274）

第七章　微博意见领袖推荐信息对旅游者目的地决策影响的实证分析

对旅游者目的地决策行为都有直接影响，信任的影响程度更大。微博意见领袖推荐信息后，通过旅游者的信任与感知有用性不同程度影响其决策行为。

在中介效应分析中，信任分别在推荐信息量化程度、信息质量、信息时效性、信息互动性、信息表达方式与旅游者目的地决策之间起中介作用；感知有用性在推荐信息量化程度、信息质量、信息时效性、信息互动性、信息呈现形式与旅游者目的地决策之间起中介作用。值得关注的是，信任在微博意见领袖推荐信息的呈现形式与旅游者目的地决策之间、感知有用性在微博意见领袖推荐信息的表达方式与旅游者目的地决策之间的中介效应不显著。

此外，在链式中介效应分析中，"推荐信息量化程度→信任→感知有用性→旅游者目的地决策""信息质量→信任→感知有用性→旅游者目的地决策""信息时效性→信任→感知有用性→旅游者目的地决策""信息互动性→信任→感知有用性→旅游者目的地决策""信息表达方式→信任→感知有用性→旅游者目的地决策"这五条链式中介路径都存在；"信息呈现形式→信任→感知有用性→旅游者目的地决策"中介路径不存在。

第八章 微博意见领袖推荐信息对旅游者目的地决策影响的结论

第一节 研究结论

本研究基于传播过程理论和 S-O-R 理论，将信任和感知有用性作为中介变量，从微博平台出发构建了微博意见领袖推荐信息特性对旅游者目的地决策影响的理论模型，通过问卷星平台线上调研，最后得到 445 份有效问卷，进行数据分析，得出以下研究结论。

（1）探索微博意见领袖推荐信息的更多特质。本研究在对相关文献及理论进行梳理的基础上明确了研究意义与价值，提出了研究目的与任务，并借助 LDA 主题提取方法对爬取到的 20 位微博意见领袖 2019 年 6 月—2021 年 6 月的微博推荐信息、用户评论进行对比分析，最终得出了微博意见领袖推荐信息的六个特质：推荐信息量化程度、信息质量、信息时效性、信息互动性、信息呈现形式与信息表达方式。

（2）本研究提出的理论模型可以较好地解释微博意见领袖推荐信息对旅游者目的地决策的影响。其中，研究共提出 39 条假设，有 30 条假设都得到了有效验证。表明在旅游领域，意见领袖尤其微博意见领袖所推荐的信息发挥着重要的营销作用，对旅游者的决策行为具有一定的参考作用并产生影响。

（3）微博意见领袖推荐信息的六个特质中，推荐信息量化程度是对旅游目的地决策产生影响的最重要因素，点赞、评论、转发、热榜越靠前，越容易促使潜在旅游者浏览旅游博文信息，进而促使其做出旅游决策行为。在旅游者对微博意见领袖所发布信息的信任及感知有用性中，感知有用性是更为重要的影响因素，旅游者对微博意见领袖推荐信息的感知有用性越高，认为其对自身产生的现实作用越强，越容易做出旅游目的地决策行为，信任亦起到一定的加强作用。

（4）在对信任的影响程度中，信息质量＞信息时效性＞推荐信息量化程度＞信息互动性＞信息表达方式，信息呈现形式对信任没有直接显著影响；在对感知有用性的影响程度中，推荐信息量化程度＞信息互动性＞信息呈现形式＞信息时效性＞信息质量，信息表达方式对感知有用性没有直接显著影响。

（5）中介效应分析显示，信任和感知有用性是微博意见领袖推荐信息影响旅游者目的地决策的重要中介变量。在微博营销环境下，微博意见领袖作为外界刺激因素，他们发布和推荐的信息会通过信任和感知有用性影响旅游者关于旅游目的地的决策行为。其中，推荐信息量化程度、信息质量、信息时效性、信息互动性和信息表达方式通过信任对旅游者旅游目的地决策产生影响；推荐信息量化程度、信息质量、信息时效性、信息互动性和信息呈现形式可以通过感知有用性对旅游者旅游目的地决策行为产生影响；推荐信息量化程度、信息质量、信息时效性、信息互动性和信息表达方式通过信任、感知有用性的链式中介作用对旅游者旅游目的地决策行为产生影响。

第二节 研究启示

一、重视微博意见领袖的营销作用

已有研究表明微博意见领袖个人特质(专业性、互动性、吸引力等)、推荐信息特质(信息质量、视觉线索、趣味性)对旅游者决策有一定的影响,本研究通过文本挖掘,对推荐信息特质加以补充,研究证明微博意见领袖推荐信息的不同特质对旅游者的出游意向、旅游目的地决策影响的程度和路径均有不同。随着社交网络、自媒体的发展,微博意见领袖的营销作用越来越重要,潜在旅游者一旦决定前往某旅游目的地,一定会在该地有吃、住、行、游、购、娱六个方面的消费行为,从而带动该地的经济发展,因此旅游目的地政府及相关企业应充分认识到这一点,重视微博意见领袖的营销作用,并选取与旅游目的地风格匹配、合适的微博意见领袖与其建立长期合作关系,利用微博内容的发布宣传旅游目的地的产品、服务等,扩大知名度、吸引力。

政府、企业与微博意见领袖合作,一方面可以通过官方微博与合作的意见领袖进行互动,微博意见领袖评论或转发之后,旅游目的地便可以获得更多的浏览量,意见领袖的忠实粉丝也会更愿意将该目的地作为下次出行的选择之一,甚至优先考虑;另一方面,政府或企业可以邀请微博意见领袖前往旅游目的地实地体验、"旅游探店",然后以 Vlog 的方式在微博上发布自己对该地的体验、推荐的游玩地、特色活动等内容,扩大旅游目的地的影响力与吸引力。

二、精确识别微博意见领袖

从微博意见领袖推荐信息的角度来看,在所有影响旅游者决策的因素中,微博意见领袖推荐信息的量化程度影响最大,其次为信息互动性、信息呈现形式、信息时效性、信息表达方式等。因此,旅游目的地相关企业可以根据自身的实际需求与营销策略来选择合适的微博意见领袖进行合作,主要有以下五种识别微博意见领袖的方式。

一是通过推荐信息量化程度来判断微博意见领袖的影响力。可以从其粉丝量、转发、评价、点赞数量以及微博主页个人认证来判断,粉丝量与转发、评价、点赞数据在百万以上说明其知名度较高;也可以通过查看微博意见领袖主页信息上的相关指标来判断,如评论被互动、故事被互动、粉丝群被互动的数量等;另外,对其中部分阅读、点赞、评论及转发数据较好的微博内容,可以分析其发布内容的特点、主题等,深入挖掘该博主的影响力。

二是信息质量高低。可以从旅游博文信息的全面性、准确性、趣味性来判断。

三是信息时效性。可以从微博意见领袖更新旅游微博的频率来判断。

四是信息互动性。通过微博意见领袖发布的博文信息点赞量、评论量与转发量来判断其与粉丝间的互动性强弱,还可以通过查看微博意见领袖所创建、参与超话,浏览、分析博主与用户(潜在旅游者)之间互动情况、用户之间交流互动情况来判断。超话内帖子数量、精华帖等都有助于我们更加精确地识别微博意见领袖。

五是信息呈现形式与信息表达方式。这方面可以通过微博意见领袖推荐信息过程中采取的形式,如纯文字、图片、文图结合、视频等,微博意见领袖在推荐信息过程中是否客观描述旅游目的地信息,是否发表自己的一些切身体验与看法等来判断。

三、提高推荐信息量化程度

本研究中，微博意见领袖推荐信息量化程度主要从被推荐内容的转发数、点赞数、评论数等方面衡量，推荐信息量化程度分别对潜在旅游者对推荐信息的信任、感知有用性，以及目的地决策都有影响，且在研究的六个特质中作用均较强，因此微博意见领袖应提高并保持有比较好的推荐信息量化程度数据。微博意见领袖在发布旅游产品或服务的相关推荐信息后，可以不定期通过直播、评论区超话互动、抽奖等方式与粉丝互动，以确保发布推荐旅游信息之后可以有较高的点赞、评论、转发数量，拥有较好的转发、评价、点赞数据，从而吸引更多的潜在旅游者关注自己、扩大影响力，推荐的旅游产品或服务也可以获得更大的曝光度。此外，其他推荐信息特质如推荐信息呈现形式的多样化、广告涉入的程度等对推荐信息量化程度也有所影响，因此微博意见领袖在获取好的口碑数据、评价时，要对所推荐信息有自己的原则与标准。

四、提高推荐信息质量与时效性

信息质量与时效性均通过信任、感知有用性影响旅游者决策行为，因此微博意见领袖不断提高推荐信息质量与时效性至关重要。要想提高信息质量，微博意见领袖应尽量发布客观、真实的内容，体现自己在该领域的专业性，所有的推荐、种草旅游产品或服务、语句表达等不能太商业化，广告植入带有情景，不要引起用户的反感，恰到好处地进行广告渗透；维持一定的更新频率，保持良好的时效性，要及时根据社会热点、旅游者旅游趋势、自身特色进行内容更新，保持稳定的更新频率，可以使粉丝对自己更信任，从而促进其决策行为的产生。

五、推荐信息的呈现形式多样化

微博意见领袖推荐信息的呈现形式对感知有用性及旅游者目的地决策具有显著影响，研究结果表明微博意见领袖在推荐旅游目的地相关产品或服务时，图文并茂的介绍说明与 Vlog 形式的视频方式能够使旅游消费者对推荐信息有更为直观的了解，且图文、视频的呈现形式更直观、真实，更容易引起潜在旅游者对目的地的向往，为其出行提供更多的信息借鉴，促进其决策行为的产生。

另外，随着直播带货行业的发展，微博意见领袖也可以通过去旅游目的地直播的方式，展现给粉丝最直观、真实、生动的旅游目的地，让潜在旅游者身临其境，提高信任及感知有用性，对旅游目的地有更为深刻的认识。随着内容营销的不断升级，用户生成内容开始获得关注，微博意见领袖也可以与一般用户达成合作，共同体验旅游产品或服务，并鼓励用户真诚输出体验、看法等，一般用户的体验会给潜在旅游者的决策行为提供一定参考。

注 释

[1] 王瑞. 微博意见领袖对旅游者的旅游目的地决策影响研究 [D]. 郑州：郑州大学，2020.

[2] 刘宪伟. 泰安银行的操作风险及其度量 [D]. 西安：西安电子科技大学，2020.

[3] 宋青. 全渠道背景下线上线下互动性对消费者渠道迁徙影响研究 [D]. 郑州：河南财经政法大学，2016.

[4] MEHRABIAN A, RUSSELL J A. An Approach to Environmental Psychology [D]. Cambridge：MIT，1974.

[5] 高丽娜. 微博营销中意见领袖对消费者购买意愿影响研究 [D]. 西安：长安大学，2020.

[6] RILEY M W, HOVLAND C I, JANIS I L, et al. Communication and Persuasion：Psychological Studies of Opinion Change. [J]. American Sociological Review，1954，19（3）：355.

[7] GILLY M C, GRAHAM J L, WOLFINBARGER M F, et al. A Dyadic Study of Interpersonal Information Search [J]. Journal of the Academy of Marketing Science，1998，26（2）.

[8] 耿协鑫. 在线评论特征对大学生购买意愿的影响：有中介的调节模

型［D］.武汉：华中师范大学，2015.

［9］LAZARSFELD P F，BERELSON B，GAUDET H．The People's Choice：How the Voter Makes Up His Mind in a Presidential Campaign［J］. New York，Columbia University Press，1948，77（2）：177-186.

［10］ARNDT J. Role of Product-Related Conversations in the Diffusion of a New Product［J］．Journal of Marketing Research，1967，4（3）．

［11］COREY L G.People Who Claim to be Opinion Leaders：Identifying Their Characteristics by Self-report［J］．Journal of Marketing，1971，35（4）．

［12］TONG（TONY）BAO，CHANGT S.Using Opinion Leaders for Effective Online Word of Mouth Campaigns：An Empirical Investigation of the Top Amazon Opinion Leaders［C］．AMA Winter Educators Conference Proceedings，Orlando，Florida，USA，2014：15-16.

［13］林普英.网络意见领袖对网购意愿的影响研究［D］.南昌：江西财经大学，2015.

［14］黄敏学，王峰，谢亭亭.口碑传播研究综述及其在网络环境下的研究初探［J］.管理学报，2010，7（01）：138-146.

［15］芦何秋，郭浩，廖俊云，等.新浪微博中的意见活跃群体研究：基于2011年上半年27件重大网络公共事件的数据分析［J］.新闻界，2011（06）：153-156.

［16］生奇志，高森宇.中国微博意见领袖：特征、类型与发展趋势［J］.东北大学学报（社会科学版），2013，15（04）：381-385.

［17］王艳华，刘岩芳，韩瑞雪.网络舆情传播中微博意见领袖的影响因子研究［J］.情报科学，2018，36（06）：113-117+161.

［18］KCHAN K，MISRA S. Characteristics of the Opinion Leader：A New Dimension［J］．Journal of Advertising，1990，19（3）：53-60.

［19］WEIMANN G.The Influentials：People Who Influence People［M］.

London: Macmillan Publishers, 1994.

[20] 黄晶. 口碑传播网络中意见领袖的特征分析 [D]. 大连: 大连理工大学, 2013.

[21] 王志男. 网络意见领袖的影响力研究 [J]. 新闻研究导刊, 2018, 9 (12): 5-6.

[22] 许璟梓. 网络意见领袖在自媒体时代对互联网舆情的影响 [J]. 新媒体研究, 2015, 1 (10): 21-23.

[23] 常亚平, 董学兵. 虚拟社区消费信息内容特性对信息分享行为的影响研究 [J]. 情报杂志, 2014, 33 (01): 201-207+200.

[24] CHEUNG C, LEE M, RABJOHN N. The Impact of Electronic word-of-mouth: The Adoption of Online Opinions in Online Customer Communities [J]. Internet Research, 2008, 18 (03): 229-247.

[25] 程彬. 微博营销对消费者购买行为的影响研究 [D]. 济南: 山东大学, 2012.

[26] 刘君兰. 微博段子手营销对消费行为的影响研究 [D]. 厦门: 厦门大学, 2014.

[27] LURIE N H, MASON C H. Visual Representation: Implications for Decision Making [J]. Journal of Marketing, 2007, 71 (01): 89-97.

[28] FILIERI R, MCLEAY F. E-WOM and Accommodation: An Analysis of the Factors That Influence Travelers' Adoption of Information from Online Reviews [J]. Journal of Travel Research, 2013, 53 (1): 44-57.

[29] ZHANG L, WU L L, MATTILA A S. Online Reviews: The Role of Information Load and Peripheral Factors [J]. Journal of travel research, 2016, 55 (3): 299-310.

[30] BILGIHAN A, BARREDA A, OKUMUS F, et al. Consumer Perception of Knowledge-sharing in Travel-related Online Social Networks [J].

Tourism Management, 2016, 52: 287-296.

[31] 江晓东. 什么样的产品评论最有用？：在线评论数量特征和文本特征对其有用性的影响研究 [J]. 外国经济与管理, 2015, 37（04）：41-55.

[32] FORGAS J P. Affective influences on interpersonal behavior: Towards Understanding the Role of Affect in Everyday Interactions [J]. Affect in Social Thinking and Behavior, 2006: 269-289.

[33] 沈倩, 龚烨, 郭雪婷, 等. 积极情绪能促进网络助人吗？：表达方式与奖励的影响 [C] // 第二十一届全国心理学学术会议摘要集. 2018：1286-1287.

[34] BERGER J. Arousal Increases Social Transmission of Information [J]. Psychological Science, 2011, 22（7）.

[35] 杨长春, 王天允, 叶施仁. 微博意见领袖影响力评价指标体系研究：基于媒介影响力视角 [J]. 情报杂志, 2014, 33（08）：178-183+202.

[36] 白贵, 王秋菊. 微博意见领袖影响力与其构成要素间的关系 [J]. 河北学刊, 2013, 33（02）：171-174.

[37] 杨瑞斌. 社交媒体平台意见领袖的影响力机制分析：以知乎社区为例 [J]. 视听, 2022（02）：129-131.

[38] 汤胤, 徐永欢, 张萱. 基于社会认知理论的社交媒体用户转发行为研究 [J]. 图书馆工作与研究, 2016（06）：68-76.

[39] 阳露. 公共事件中微博意见领袖的意见表达研究 [D]. 长沙：湖南大学, 2014.

[40] 王艳. 民意表达与公共参与：微博意见领袖研究 [D]. 北京：中国社会科学院研究生院, 2014.

[41] 柯敏. 重大突发事件中微博意见领袖的形成机制及影响力研究 [D]. 西安：西北大学, 2013.

[42] 陈健昌, 保继刚. 旅游者的行为研究及其实践意义 [J]. 地理研究,

1988（03）：44-51.

［43］邱扶东，吴明证.旅游决策影响因素研究［J］.心理科学，2004（05）：1214-1217.

［44］GILBERT D C .An Examination of the Consumer Behaviour Process Related to Tourism［J］. Progress in Tourism Recreation & Hospitality Management，1991.

［45］谢彦君.基础旅游学［M］.北京：商务印书馆，2015.

［46］杜江，厉新建，秦宇，等.中国出境旅游变动趋势分析［J］.旅游学刊，2002（03）：44-48.

［47］韩春鲜.旅游感知价值和满意度与行为意向的关系［J］.人文地理，2015，030（003）：137-144，150.

［48］钱晓慧，钟晓鹏.旅游目的地形象感知对旅游者决策行为的影响机制研究［J］.旅游纵览（下半月），2015（20）：48.

［49］PARVANEH Z, LIAO F X, ARENTZE T, et al. A Micro-simulation Model of Updating Expected Travel Time in Provision of Travel Information：A Bayesian Belief Approach Implemented in a Multi-state Supernetwork［J］. Procedia Computer Science，2014，3（05）：14-26.

［50］聂献忠，张捷，吕菽菲，等.九寨沟国内旅游者行为特征初步研究及其意义［J］.自然资源学报，1998（03）：57-63.

［51］邱扶东.旅游信息特征对旅游决策影响的实验研究［J］.心理科学，2007（03）：716-718.

［52］姚丹.旅游微博，旅游者决策行为与旅游企业互动关系研究：以深圳华侨城集团景区为例［D］.广州：暨南大学，2014.

［53］樊冬平.微博对旅游决策影响的实证研究［D］.武汉：湖北大学，2013.

［54］黄谦.旅游者目的地选择的影响因素分析［D］.成都：西南交通大

学，2009.

[55] JALILVAND M R, SAMIEI N. The Impact of Electronic Word of Mouth on a Tourism Destination Choice: Testing the Theory of Planned Behavior (TPB) [J]. Internet Research, 2012, 22 (05): 591-612.

[56] 李星群. 滨海旅游目的地选择行为比较研究 [J]. 商业研究, 2010 (06): 144-147.

[57] 张晗. 微信朋友圈对旅游者旅游目的地决策影响的研究 [D]. 厦门: 厦门大学, 2018.

[58] KEMPF D S, SMITH R E. Consumer Processing of Product Trial and the Influence of Prior Advertising: A Structural Modeling Approach [J]. Journal of Marketing Research, 1998, 35 (3): 325-338.

[59] ALDUAIJ M. Employing the Technology Acceptance Model to Explore the Trends of Social Media Adoption and Its Effect on Perceived Usefulness and Perceived Ease of Use [J]. College Student Journal, 2020, 54 (4): 460-472.

[60] 高静, 焦勇兵. 社会化媒体信息源对旅游者行为意图的影响: 感知有用性与可信度的中介作用 [J]. 旅游论坛, 2016, 9 (03): 17-26.

[61] 吴茹双. 微信用户使用态度影响因素研究 [D]. 上海: 上海交通大学, 2013.

[62] ALDUAIJ M. Employing the Technology Acceptance Model to Explore the Trends of Social Media Adoption and Its Effect on Perceived Usefulness and Perceived Ease of Use [J]. College Student Journal. 2020, 54 (4): 460-472.

[63] 张炜一. O2O 电子商务模式下中国大众用户接受行为影响因素探究 [D]. 北京: 北京邮电大学, 2013.

[64] 王慧敏. 社交电商场景下意见领袖信息特征对消费者购买意愿的影响研究 [D]. 郑州: 河南工业大学, 2020.

[65] 张红. 基于用户认知的电子商务网站知识推荐服务接受模型研

究[D]. 南京：南京理工大学，2013.

［66］赖胜强，唐雪梅，朱敏. 网络口碑对游客旅游目的地选择的影响研究[J]. 管理评论，2011，23（06）：68-75.

［67］DUAN W J, GU BIN, WHINSTON A B. Do Online Reviews Matter?: An Empirical Investigation of Panel Data[J]. Decision Support Systems，2008，45（4）：1007-1016.

［68］董玉. 传统媒体微博营销对消费者品牌态度的影响研究[D]. 广州：暨南大学，2011.

［69］周佳梅. 网络口碑对旅游决策的影响研究[D]. 南京：南京大学，2017.

［70］丁勇，肖金川，朱俊红. 社会化媒体对品牌偏好的影响研究：基于顾客感知价值的视角[J]. 运筹与管理，2017，26（06）：176-184.

［71］王美芳. 南京大学学生互联网使用对其旅游决策影响模型研究[D]. 南京：南京大学，2012.

［72］陈黄亦锌，陈秋华，林嫩妹. 网络信息、感知信任对城市居民乡村旅游决策的影响[J]. 武夷学院学报，2020，39（07）：76-84.

［73］ALDUAIJ M. Employing the Technology Acceptance Model to Explore the Trends of Social Media Adoption and Its Effect on Perceived Usefulness and Perceived Ease of Use[J]. College Student Journal，2020，54（4）：460-472.

［74］闫强，孟跃. 在线评论的感知有用性影响因素：基于在线影评的实证研究[J]. 中国管理科学，2013，21（S1）：126-131.

［75］王长征，何钐，王魁. 网络口碑中追加评论的有用性感知研究[J]. 管理科学，2015，28（03）：102-114.

［76］Dhruv Grewal, Kent B Monroe, R Krishnan. The Effects of Price-Comparison Advertising on Buyers' Perceptions of Acquisition Value, Transaction Value, and Behavioral Intentions[J]. Journalof Marketing，1998，62（2）：

35-48.

[77] 王祎. 韩国旅游网络口碑、信任、感知价值与赴韩旅游意向的关系研究［D］. 延吉：延边大学，2020.

[78] 林婷婷. 基于信任和感知价值的电商直播消费者购买意愿研究［D］. 昆明：云南财经大学，2021.

[79] 赵忠洋. 社交推荐中微信用户参与行为的影响因素研究［D］. 广州：暨南大学，2020.

[80] 龚诗阳，刘霞，刘洋，等. 网络口碑决定产品命运吗：对线上图书评论的实证分析［J］. 南开管理评论，2012，15（04）：118-128.

[81] 汪玥. 网络口碑对保健食品购买意愿的影响研究［D］. 西安：西安石油大学，2019.

[82] 董玉. 传统媒体微博营销对消费者品牌态度的影响研究［D］. 广州：暨南大学，2011.

[83] 周飞，沙振权. 企业家微博信息质量对粉丝品牌态度的影响机理研究［J］. 北京工商大学学报（社会科学版），2015，30（05）：108-115.

[84] WIXOM B H, TODD P A. A Theoretical Integration of User Satisfaction and Technology Acceptance［J］. Information Systems Research, 2005, 16（1）: 57-69.

[85] 钟承静. 网络环境下感知价值在网站互动性与信任间的中介效应［D］. 广州：暨南大学，2011.

[86] 贾楠. 虚拟品牌社群的互动性对品牌忠诚度的影响研究［D］. 上海：东华大学，2014.

[87] DOOLIN B, BURGESS L, COOPER J. Evaluating the Use of the Web For Tourism Marketing: A Case Study from New Zealand［J］. Tourism Management, 2002, 23（5）: 557-561.

[88] 梦非. 社会化商务环境下意见领袖对购买意愿的影响研究［D］. 南

京：南京大学，2012.

［89］吕兴洋，刘丽娟，林爽.在线信息搜索对旅游者感知形象及决策的影响研究［J］.人文地理，2015，30（05）：111-116+133.

［90］ALDUAIJ M. Employing the Technology Acceptan Ce Model to Explore the Trends of Social Media Adoption and Its Effect on Perceived Usefulness and Perceived Ease of Use［J］. College Student Journal，2020，54（4）：460-472.

［91］DAVIS F D，BAGOZZI R P，WARSHAW P R. User Acceptance of Computer Technology：A Comparison of Two Theoretical Models［J］. Management Science，1989，35（8）：982-1003.

［92］JI-WON MOON，YOUNG-GUL KIM. Extending the TAM for a World-Wide-Web context［J］. Information & Management，2001，38（4）：217-230.

［93］李洁.基于归因视角的消费者在线评论及其感知有用性的影响因素研究［D］.济南：山东大学，2014.

［94］高静，焦勇兵.社会化媒体信息源对旅游者行为意图的影响：感知有用性与可信度的中介作用［J］.旅游论坛，2016，9（03）：17-26.

［95］BANSAL H S，VOYER P A. Word-of-Mouth Processes within a Services Purchase Decision Context［J］. Journal of Service Research，2000，3（2）：166-177.

［96］张晗.微信朋友圈对旅游者旅游目的地决策影响的研究［D］.厦门：厦门大学，2018.

附　录

微博意见领袖推荐信息对旅游者目的地决策的影响研究调查问卷

尊敬的先生/女士：

　　您好，非常感谢参与本次问卷调查，我是旅游管理专业的学生，因毕业论文需要，希望能占用您一点宝贵的时间帮我填写这份问卷。本问卷旨在了解微博意见领袖的推荐信息对您所做出的旅游决策行为产生怎样的影响，请您根据实际情况和真实感受填写问卷。本问卷完全匿名，所得数据仅用于论文学术研究，不具备任何商业目的。

　　本研究聚焦旅游领域的微博意见领袖，您可以在微博平台浏览"2020年十大影响力旅游博主"及"2020十大人气旅游博主"在2019年6月—2021年6月推送的微博内容，之后填写问卷，再次感谢您的支持。

　　微博意见领袖是指活跃于微博平台，经过官方加"V"认证或粉丝数量庞大，具备相关领域的专业知识和经验，通过微博传播经验和信息，并对其他人的态度和行为产生影响的个人或团体。所发布的信息能够得到微博用户或消费者的有效反馈和互动，具有较强的说服力。

甄选题项

请问您是否使用新浪微博,并浏览过旅游领域意见领袖推荐的信息?

A. 是 　　　　　　B. 否(停止作答)

第一部分:微博意见领袖推荐信息与旅游目的地决策

本部分是对您所了解的微博意见领袖(旅游大V)推荐信息特征的调查。各个数字代表题项与您的个人主观或实际情况的符合程度,请您根据对某个微博意见领袖(旅游大V)推荐信息的了解程度,选择对应的选项。

题号	题项	非常不同意	比较不同意	一般	比较同意	非常同意
	推荐信息量化程度(指被推荐内容的转发数、点赞数、评论数等综合程度)					
1	意见领袖发布旅游博文信息的评价、讨论超过其他同类产品的信息会使我产生兴趣					
2	我会更加关注点赞、评论、分享多的博主推荐的信息					
3	如果在该时间段内看过多篇与推荐内容类似的信息,我会额外关注					
4	微博意见领袖发布的视频进入热榜,会使我对视频中提到的旅游产品等信息更感兴趣					
	信息质量					
5	我认为微博意见领袖发布的旅游博文信息是全面的					
6	我认为微博意见领袖发布的旅游博文信息是专业的					
7	我认为微博意见领袖发布的旅游博文信息是清楚易懂的					
8	我认为微博意见领袖推荐的信息生动有趣					
	信息时效性					
9	微博意见领袖发布的旅游博文信息及时,可以结合当下大家关注的热点进行旅游内容推荐					
10	微博意见领袖能够保持较快的旅游博文更新频率					

续表

题号	题项	非常不同意	比较不同意	一般	比较同意	非常同意
11	微博意见领袖发布的旅游博文信息常常先于他人					
	信息互动性					
12	微博意见领袖推荐信息时附加话题 tag 或在超话社区发表，有助于我快速进入相关话题下与大家互动					
13	微博意见领袖推荐信息时会@用户，与他人互动					
14	微博意见领袖有时通过抽奖、发放优惠券等奖励性活动推荐信息，增强用户与意见领袖之间的互动性					
15	我会和其他用户讨论微博意见领袖推荐的信息					
	信息呈现形式					
16	微博意见领袖发布的旅游博文信息有详细、生动的文字说明					
17	微博意见领袖发布的旅游博文信息配有恰当的图片					
18	微博意见领袖发布的旅游博文信息有直观、真实的视频介绍，如短视频、Vlog 等					
	信息表达方式					
19	微博意见领袖对其推荐的目的地（产品、服务等）基本信息可以客观、准确描述					
20	微博意见领袖在推荐信息时往往会表达自己的态度（如推荐/不要踩雷等）					
21	微博意见领袖的信息表达方式是我比较喜爱的					
	信任					
22	我认为微博意见领袖推荐的信息是真实的					
23	我觉得微博意见领袖推荐的信息是准确的					
24	我认为微博意见领袖推荐的内容是可信的，对我有一定说服力					
25	我认为微博意见领袖不会故意宣传虚假旅游产品等信息					

续表

题号	题项	非常不同意	比较不同意	一般	比较同意	非常同意
感知有用性						
26	我可以从微博意见领袖推荐中找到我需要的信息					
27	微博意见领袖推荐的信息可以让我获得更为有趣的旅游信息					
28	微博意见领袖推荐的信息提到了一些我未曾考虑到的事项，对我未来的旅行有帮助					
29	微博意见领袖可以帮助我更快地获取旅游目的地出行所需信息、提高出行效率					
旅游者目的地决策						
30	为了到微博意见领袖推荐的目的地进行旅游，我会积极进行相关咨询					
31	我想要旅游时，会优先想到该微博意见领袖推荐的旅游目的地					
32	我选择去该微博意见领袖推荐的旅游目的地旅游的可能性很大					
33	在实际出游前，我会参考微博意见领袖推荐的信息					

第二部分：个人基本情况

34. 您的性别

　A. 男　　　　　　B. 女

35. 您的年龄

　A. 18 岁以下　　　B. 18~24 岁　　C. 25~34 岁　　D. 35~44 岁

　E. 45~60 岁　　　F. 60 岁以上

36. 您的最高学历

　A. 高中及以下　　B. 专科　　　　C. 本科　　　　D. 研究生及以上

37. 您的职业

A. 学生　　　　　　B. 公务员　　　　C. 企事业单位人员

D. 个体户/自由职业者　　　　E. 其他

38. 您的月收入

A. 2000 元及以下　　　　　　B. 2001~4000 元

C. 4001~6000 元　　　　　　D. 6001~8000 元

E. 8000 元以上

39. 您使用微博的年限

A. 不曾使用　　　B.2 年及以下　　C.2~5 年　　　D.5 年及以上

40. 您曾经因为看到某一微博意见领袖推荐的旅游相关产品或服务等相关信息，而产生了搜索、分享或购买的意愿

A. 是　　　　　　B. 否

41. 除以上提到的因素外，您还看重旅游微博意见领袖推荐信息的哪些特质？